Agostini/Schratz/Risse

Lernseits denken – erfolgreich unterrichten

Personalisiertes Lehren und Lernen in der Schule

Impressum

Lernseits denken – erfolgreich unterrichten

Evi Agostini ist ausgebildete Grundschullehrerin. Nachdem sie zunächst Unterrichtserfahrung sammelte, zog es sie nochmals an die Universität, wo sie mit einer pädagogischen, phänomenologischen Arbeit über das Lernen promovierte. Als wissenschaftliche Mitarbeiterin lehrt und forscht sie zurzeit im Bereich der Lehrerbildung an der Universität Innsbruck.

Michael Schratz unterrichtete an Hauptschule und Gymnasium und war Schulbuchautor für Englisch, ehe er in Lehrerbildung und Schulentwicklung zum gefragten Referenten im In- und Ausland wurde. Als Autor zahlreicher Veröffentlichungen und Mitherausgeber mehrerer pädagogischer Zeitschriften ist es sein Anliegen, wissenschaftliche Erkenntnisse für die Entwicklung von Schule und Unterricht (be)greifbar zu machen.

Erika Risse war viele Jahre Schulleiterin eines Gymnasiums in Oberhausen und hat als zertifizierter Master Coach in der Systemischen Organisationsberatung langjährige Erfahrung in Schul- und Unterrichtsentwicklungsprojekten für alle Schulstufen und Schulformen. Für Fragen der Schul- und Unterrichtsentwicklung und für andere schulrelevante Themen bietet sie Lehrer- und Schulleitungsfortbildungen an.

1. Auflage 2018

Veritaskai 3 · 21079 Hamburg
Fon (040) 32 50 83-060
Fax (040) 32 50 83-050
info@aol-verlag.de · www.aol-verlag.de

Lektorat: Anja Ley, Glinde
Redaktion: Frederike Schlünder
Illustrationen: Bettina Kumpe, Braunschweig
Layout/Satz: Satzpunkt Ursula Ewert GmbH, Bayreuth
Coverfoto: © viacheslav lakobchuk – fotolia.de

ISBN: 978-3-403-10523-7

Engagiert unterrichten. Begeistert lernen.

Inhalt

Liebe Kollegin, lieber Kollege!

Eine engagierte Kollegin gestand uns einmal inmitten des Alltagsgewusels mit einem leichten Seufzen in der Stimme: „Ich hab' so Sehnsucht nach mir selbst." Diesen Satz haben wir nie vergessen. In Momenten des Erschöpftseins von den Anforderungen des Alltags regt er an, kurz stehen zu bleiben und in sich hineinzuhorchen. Sich der Frage zu widmen, sollte ich etwas in meinem Leben verändern, und wenn ja, dann was?

Was hat das mit schulischem Lernen zu tun? Stellen Sie sich einmal folgende, zugegebenermaßen skurrile Situation vor: Sie gehen in Ihre Klasse hinein und beginnen Ihren Unterricht mit dem Austeilen eines Aufgabenbogens, den Sie vorher mühevoll unter Berücksichtigung von drei verschiedenen Niveaustufen vorbereitet haben, um jeden Ihrer Schüler[1] im Lernprozess möglichst mitnehmen zu können. Ihre Schüler lesen sich ihre jeweiligen Aufgaben durch, aber statt sofort mit der Bearbeitung der Aufgabe anzufangen, sieht jeder einzelne Schüler Sie an und spricht mit einem kleinen Seufzer diesen Satz aus: „Ich hab' so Sehnsucht nach mir selbst." Sie sind verdutzt, wollen gerade loswettern, halten aber inne und lassen diese Aussage einen Moment lang im Raum stehen und auf sich wirken. Schließlich antworten Sie leise: „Ich auch."

Wenn Ihnen diese Situation aus der Seele spricht oder Sie berührt, dann wird die Lektüre dieses Buches ein Gewinn für Sie sein. Darin findet sich der Satz: „Wenn Lehrkräfte Momenten der Irritation und der Unsicherheit im Unterrichtsgeschehen Beachtung schenken, verändert dies nicht nur ihre Wahrnehmung von Lernen, sondern diese veränderte Auffassung hat auch Auswirkungen auf ihr Lehren." Der hier beschriebene Moment ist ein konstruierter. Im schulischen Alltag gibt es jedoch vielfältige Momente der Irritation und Unsicherheit. Wie viel Zeit und Raum nehmen wir uns, diese Momente wahrzunehmen, darüber nachzudenken und darauf zu antworten? Keine Zeit? Was soll ich denn noch alles schaffen? Vielleicht viel weniger, als wir uns selbst aufbürden, indem wir versuchen, alle Gedanken und Gefühle unserer Schüler vorwegzunehmen, als seien wir Hellseher, um auf diesen vagen Vermutungen aufbauend unseren Unterricht zu konzipieren. Was, wenn wir die Kontrolle über das Lerngeschehen einfach einmal aussetzen und uns auf die Menschen, die auf einzigartige Arten und Weisen versuchen, der Welt habhaft zu werden und sich in ihr zurechtzufinden, einlassen? Dann beginnen wir „lernseits" zu denken und machen die „gelebten Erfahrungen von Lernen" zum Ausgangspunkt der eigenen Überlegungen. Und genau dieser Blickrichtungswechsel verändert uns und unseren Unterricht. Zu diesem Gedankenexperiment laden wir Sie ein. Wir machen uns auf die Suche nach der Antwort auf die Frage: Was macht eigentlich einen guten Unterricht aus? Wie kann ich erfolgreich lehren und wie meine Schüler erfolgreich lernen? Und nehmen Sie mit auf unsere Gedankenreise hierzu. Die Lektüre soll Herausforderung und Inspiration zugleich sein. Herausforderung, weil ich als Lehrer meine bisherigen Vorstellungen von Lehren und Lernen und von einem gelingenden Unterricht zunächst einmal infrage

---

[1] Zugunsten der Lesbarkeit hat sich der Verlag dazu entschlossen, in den Texten in der Regel die männliche Form wie z. B. „Lehrer" und „Schüler" zu gebrauchen. Selbstverständlich sind auch Lehrerinnen und Schülerinnen gemeint.

stellen und über Bord werfen muss, um frei zu sein für einen Perspektivwechsel und für neue Impulse. Inspiration, weil in mir die Lust geweckt wird, mit diesem veränderten Blickwinkel in die Schule zu gehen und mich neu in Beziehung zu setzen. Zu den Schülern. Zu den Lerngegenständen. Und schließlich zu mir selbst. Daraus resultiert nicht weniger als ein neues Verständnis von Lernen, das der Realität in den Köpfen und Herzen Ihrer Schüler weit näherkommt als alle Antizipation. Gelingender Unterricht braucht genau diese Veränderung in der eigenen Haltung zum Lehren und Lernen, zu Lehrenden und Lernenden.

Zurück zum Eingangsszenario: Stellen Sie sich die gleiche Situation noch einmal vor. Sie teilen die Arbeitsblätter aus und alle lesen die Aufgabe. Wieder schauen Ihre Schüler auf. Im Chor rufen sie erleichtert ein Zitat aus Goethes Faust aus: „Hier bin ich Mensch, hier darf ich's sein!" Sie lachen und erwidern: „Ich auch."
Was hat sich verändert? Unsere gedanklichen Auseinandersetzungen sollen Sie auf den Weg zu einer Antwort auf diese Frage führen. Gehen müssen Sie ihn dann selbst.

Wir wünschen Ihnen, dass Sie dieses Buch aufwühlt und Sie motiviert, lernseits zu denken und diesem Denken neues Handeln folgen zu lassen.

Ihr Autorenteam

Danksagung

Auf den folgenden Seiten finden sich die Spuren vieler Menschen, ohne die es dieses Buch nicht gäbe. Angefangen von den Schülern und Lehrern, denen wir die kapiteleinleitenden „Vignetten" verdanken, bis zu den Kollegen an unseren Lehr- und Forschungsinstituten, die uns in wichtigen Auseinandersetzungen weiter gebracht haben, als wir sonst gekommen wären. Claudia Solzbacher war Patin und Wegbegleiterin auf unserem erfahrungsreichen Weg. Friedhelm Käpnick, Udo Klinger und Siegfried Baur haben dieses Werk durch ihre kritischen Rückmeldungen bereichert.

I) Einleitung und Einladung

Dieses Buch ist eine Einladung zum Innehalten, dazu, einmal aus dem Marsch der Bildungsakteure herauszutreten und genau hinzuschauen. In welche Richtung marschieren Sie da eigentlich? Wie ist der Weg beschaffen und sind da noch andere Wege, die es zu erkunden gilt? Wann haben Sie das letzte Mal darüber nachgedacht, was Lehren und Lernen für Sie persönlich bedeutet oder was einen guten Unterricht auszeichnet? Welche Vorstellung Sie persönlich vom Lehren und Lernen und von einem guten Unterricht haben, ist von entscheidender Bedeutung für die Ausgestaltung der Lernprozesse Ihrer Schüler. Angenommen, Sie befürworten Schülerorientierung und Individualisierung. Dies führt Sie in der Praxis dazu, dass Sie versuchen zu antizipieren, auf welche Weise und auf welchem Niveau jeder Schüler wohl lernt. Schnell merken Sie, dass dieser Anspruch viel zu hoch ist, Sie vielleicht sogar überfordert, denn Sie können ja nicht in die Köpfe und Herzen jedes einzelnen Schülers hineinschauen. Es ist leider unmöglich, zu wissen, wer wie im Einzelnen lernt. Lernen zeigt sich immer erst im Nachhinein, anders gesagt, in den Ergebnissen. Erst im Rückblick können Sie feststellen, ob Ihre Schüler gelernt haben – oder auch nicht. Also beschränken Sie sich in der Planung Ihres individualisierten Unterrichts auf drei Lerntypen und drei Lernniveaus in der Hoffnung, damit möglichst viele Schüler zu erreichen. An diesen Festlegungen richten Sie Ihre Unterrichtsvorbereitung aus. Dabei legen Sie vorab fest, was Ihre Schüler jeweils lernen sollen und auf welchen drei Wegen dies geschehen kann. Funktioniert Lernen wirklich so?

Lernen ist eine Suchbewegung. Bewegung braucht Raum. Wie viel Raum geben Sie Ihren Schülern für diese Suchbewegungen des Lernens, wenn Lernwege und Antworten von vornherein festgelegt sind? Als Lehrkraft führen Sie Regie über die Gestaltungsprozesse im Unterricht und definieren so den Möglichkeitsraum, in dem die Suchbewegungen stattfinden. Dabei bemühen Sie sich um größtmögliche Kontrolle darüber, wie und was gelernt wird. Auch darüber, wo Ihre Schüler suchen sollen. Dies drückt sich zum Beispiel aus in Begriffen wie „Lernzielkontrollen“. Jetzt mögen Sie denken: „Ja, aber ich muss doch wissen, was und wie meine Schüler lernen, wie sonst soll denn Unterricht funktionieren?“ Eben diese Frage greifen wir in diesem Buch auf und nehmen Sie mit auf die Suche nach einer Antwort darauf, wie Lernen jenseits dieser Art von Kontrolle gelingen kann. Wir möchten Sie vom Anspruch befreien, für jeden Schüler das Denken und Fühlen vorwegzunehmen (oder es Ihnen gar abzunehmen), und Sie ermutigen, sich auf das Unverhoffte, Spontane, auf die Ausgestaltung der schülereigenen Suchbewegungen einzulassen, um zu begreifen, wie Lernen (auch Ihr eigenes) funktioniert bzw. besser funktionieren kann.

Lernseits denken

Wir laden Sie ein, schulische Unterrichtssituationen in ihrer Komplexität einmal anders wahrzunehmen und sich einem Lernbegriff zu nähern, der nicht von lehrseitigem Denken (Ich trage die alleinige Verantwortung für das Lernen meiner Schüler und versuche alles, was passieren soll und könnte, so gut wie möglich vorwegzunehmen. Ich gebe die Regie nicht aus der Hand.), sondern von lernseitigem Denken geprägt ist (Ich bin offen für eigene, auch spontane Lernwege meiner Schüler, mache sie mitverantwortlich für ihr Lernen und damit zu Mitakteuren ihrer eigenen Bildungsprozesse. Durch meine Wahrnehmung dieser Lernprozesse lerne ich selbst etwas über meine Schüler und über das Lernen an sich.). „Lehrseits" unterrichten bedeutet, die pädagogisch-didaktischen Handlungen lediglich von der Methode und vom eigenem Können als Lehrkraft her zu setzen und (notwendige) Brüche in diesem Erfahrungsprozess zugunsten optimierender Interventionen zu glätten; „lernseits" gedachter Unterricht macht die gelebten, widerständigen Erfahrungen von Lernen zum Ausgangspunkt der eigenen Überlegungen. Wie genau dies aussehen kann, wird ein zentraler Gegenstand unserer Ausführungen sein.

Ziel dieses Buches ist, Sie zunächst in Ihrem gewohnten Verständnis von Lehren und Lernen zu irritieren und in Ihnen die Bereitschaft zu wecken, Ihre Denk-, Handlungs- und Wahrnehmungsgewohnheiten aufs Spiel zu setzen. Wir möchten Ihre Aufmerksamkeit und Achtsamkeit neu ausrichten, auf Ihre Schüler und deren vielfältige Arten, zur Welt zu sein und sich diese Welt in ureigensten Lernprozessen zu eigen zu machen, auf sich selbst und Ihre Art, in der Klasse zu sein und in die Such- und Lernprozesse einzugreifen. Wie und was nehmen Sie wahr, wenn Sie Ihren Blick auf die Lernatmosphäre richten, die aus dem Zusammenspiel der mannigfaltigen Interaktionen resultiert? Das Kennen- und Erlernen dieser neuen Wahrnehmungsweise setzt das Einnehmen verschiedener Perspektiven voraus, die wir Ihnen anhand von acht Kerngedanken lernseitigen Unterrichts erläutern. Diese Kerngedanken werden ausgehend von konkreten Unterrichtsbeispielen in Form von Vignetten veranschaulicht. Die Vignette ist eine eigene Textsorte, die im pädagogisch-wissenschaftlichen Diskurs entwickelt wurde und ein zentrales Werkzeug zur Beschreibung und Analyse von Lernprozessen in der Schule darstellt. Durch sie wird die Vielschichtigkeit und Mehrdeutigkeit von Unterrichtssituationen veranschaulicht und somit zugänglich gemacht. Im Lesen von Vignetten werden Sie merken, dass Lernen viel mit Irritation und Unsicherheit zu tun hat, diese sogar Voraussetzungen sind, um lernen zu können. Wenn Sie als Lehrer Momenten der Irritation und der Unsicherheit im Unterrichtsgeschehen Beachtung schenken, so verändert dies nicht nur Ihre Wahrnehmung von Lernen, sondern diese veränderte Auffassung hat auch Auswirkungen auf Ihr Lehren. Anhand von Vignetten werden Sie auf die widerständigen Erfahrungen beim Lernen aufmerksam gemacht. Sie machen diese Situationen schrittweise für Sie nachvollziehbar und helfen Ihnen, eine Perspektive „lernseits" von Unterricht einzunehmen. Im exemplarischen Nachvollzug der Lernerfahrungen anderer, von Schülern, aber auch von Lehrkräften wird für Sie Ihr eigenes Lernen spürbar. Sie entwickeln so ein Gefühl dafür, wo und wie Sie mit Ihrem Lehren auf diese spürbaren Unterrichtsmomente antworten können.

Responsiv unterrichten

Lernseitig zu denken setzt voraus, Lernen und Lehren in einem gemeinsam geteilten Erfahrungsvollzug wahrzunehmen. Responsiv und damit erfolgreich zu unterrichten meint ein Lehren, das im Dienste dieses gemeinsamen Erfahrungsvollzuges steht und auf schulische Situationen antwortet, in die Sie selbst als Lehrender verwickelt sind, indem Sie Herausforderungen annehmen und mit Anforderungen umgehen. Dies gelingt nur dann, wenn Sie nicht schon fertige Antworten parat haben, auf die Sie dann ungeduldig bei Ihren Schülern warten. Beim lernenden Lehren interessieren deshalb vor allem jene Momente, in denen Ihre eigenen Erwartungen in Bezug auf die Schüler, aber auch auf die zu lehrenden Unterrichtsinhalte enttäuscht (und damit eine Täuschung los) werden. Welche unerwarteten Verhaltensweisen nehmen Sie bei Ihren Schülern wahr? Welche neue Sicht eröffnet sich dadurch auf sie? Was erfahren Sie Neues über einen bestimmten Sachverhalt, auch dann noch, wenn Sie ihn bereits seit vielen Jahren zu vermitteln versuchen? Diese neue Sicht auf Ihren eigenen Unterricht eröffnen Ihnen Ihre Schüler – durch die Fragen, die sie stellen, aber auch durch die Antworten, die sie geben. Deshalb heißt es, aufmerksam zu sein für solche Schülerfragen oder Schülerantworten, auch wenn sie auf den ersten Blick nicht immer in das eigene Konzept zu passen scheinen. Erst wenn Ihre bisher selbstverständlich gewordenen Wahrnehmungsgewohnheiten infrage gestellt werden, können Sie Neues über Ihr eigenes Lehren erfahren und es sukzessive verändern, indem Sie die konkreten Erfahrungen Ihrer Schüler im Unterricht beim Lehren aufgreifen. Damit hängen Fragen zusammen wie: Wie kann Unterricht so gestaltet werden, dass er Raum lässt für unerwartete Antworten? Wie können Heterogenität und Fremdheit der Schüler nicht als Überforderung gewertet, sondern als Grundbedingungen angenommen werden, die responsives Unterrichten ermöglichen?

Eine lernseitige Haltung als professionelle pädagogische Haltung in der Schule

Eine lernseitige Haltung ist eine professionelle Haltung, die erlernbar ist und mit der das Lernen von Kindern und Jugendlichen, aber auch Ihr Lehren gelingt. Wir möchten Sie darin schulen, einen veränderten Blick auf Schule und Unterricht zu werfen, und zeigen Ihnen Möglichkeiten auf, Unterrichtsmaterialien personalisiert einzusetzen und auszugestalten. Der lernseitige Blickwinkel verändert den Zugang zu Meilensteinen bisheriger individueller Förderung, wie z. B. dem hoch gehandelten selbstbestimmten Lernen. Wann immer Lehrkräfte Selbstlernmaterial herstellen, mag es einen hohen Bezug zu den Lernenden haben, zumindest in der Vorstellung der Verfasser. Wie viel Spielraum lässt dieses Material aber wirklich zu? Sind verschiedene Herangehensweisen, unterschiedliche Antworten oder gar neue Fragen denkbar? Unterrichtsmaterial, das der Lernseitigkeit Rechnung trägt, sollte so weit offen sein, dass die Schüler immer wieder die Möglichkeit haben, über den Aufforderungscharakter des Materials ihren jeweils persönlichen und damit bedeutsamen Zugang zum Lernen auch tatsächlich umzusetzen, d. h. ihre eigene Urheberschaft zu beanspruchen.

Zum einen geht es im Buch darum, Sie dafür zu sensibilisieren, wie man Lernen anders wahrnehmen kann und muss, um dem Lernen der Schüler eine höhere persönliche Sinnhaftigkeit zu geben. Zum anderen möchten wir Sie darauf aufmerksam machen, dass alles Wissen und Handeln systemisch in ein größeres Ganzes eingebettet ist und es dabei doch immer auch einen Persönlichkeitsbezug hat. Das bedeutet auch, dass die Kerngedanken lernseitigen Unterrichtens sich nicht nur auf die Schüler beziehen, sondern systemisch gedacht immer auf ein Miteinander von Lernenden und Lehrenden. In diesem „Zwischen" nimmt ein gemeinsamer Sinn seinen Ausgang und eröffnet ein neues Verständnis von einer Sache, aber auch von sich selbst und von den in die Lernerfahrung involvierten Personen. Im günstigsten Fall haben Sie als Lehrkraft den Blick lernseits auf das Unterrichtsgeschehen und reflektieren es professionell. Dadurch wird es auch möglich, dass Ihre Schüler durch ihr eigenes Vorgehen Lernanlässe schaffen und so ihre Vorstellungen im Unterricht umsetzen können.

Personalisiertes Lehren und Lernen

Dem Konzept der Individualisierung setzen wir das Konzept eines personalisierten Lernens und Lehrens entgegen. Das, was im Buch unter personalisiertem Lernen und Lehren verstanden wird, soll das *Lernen* (und damit einhergehend die fachliche Beziehung zwischen Lernenden und Lehrenden) stärker in den Fokus rücken, als dies heute über Konzepte individueller Förderung wissenschaftlich diskutiert und in Schulen vielerorts praktiziert wird. Im Gegensatz zur Individualisierung nimmt Personalisierung die soziale Verfasstheit der Lernenden ernst und trägt ihrer vielfältigen Verwicklung mit der Welt Rechnung, die sich in jedem Klassenzimmer zeigt. Lernen ist die persönlichste Sache der Welt, sodass Sie die damit in Zusammenhang stehenden Erfahrungen, die Bedeutungen, die die Einzelnen damit verknüpfen, niemals vorwegnehmen können. Das Einzige, was Sie als Lehrkraft tun können, ist möglichst umfassend über diesen Lernvollzug und seine Struktureigentümlichkeit Bescheid zu wissen, um Ihre eigenen Lehrmöglichkeiten wahrnehmen zu lernen. Dies versetzt Sie in die Lage, Ihren Unterricht so zu gestalten, dass Ihre Schüler sich in vielfältiger Art und Weise vor dem Hintergrund ihrer unterschiedlichen Voraussetzungen mit den bildenden Widerständigkeiten der Welt auseinandersetzen können.

Im Laufe der Lektüre des Buches werden Sie die Erfahrung machen, dass der Zugang zum Lernen, aber auch zum Lehren immer nur in einer begrenzten Perspektive und unter Einnahme eines bestimmten Standpunktes möglich ist. Lernen zeigt sich in der eigenen Wahrnehmung stets nur *als* ein ganz bestimmtes Phänomen. Es lässt sich, wie wir oft zu glauben meinen, so simpel als Ganzes niemals fassen, sondern wird dagegen immer nur in bestimmten Facetten oder gar Schattierungen von Facetten greifbar. In den unterschiedlichen Vignetten dieses Buches zeigt sich Lernen beispielsweise *als* Erfinden, *als* Sich-Einlassen, *als* Sich-Anpassen, *als* Angesprochen-Werden, *als* Noch-Nicht- oder Nicht-mehr-Können, aber auch *als* Vermeiden, *als* Unterbrechen oder *als* Sich-in-Beziehung-Setzen. All dies sind Erfahrungen, welche die Schüler tagtäglich in der Schule machen und wodurch sie neben fachlichen Inhalten immer auch etwas über sich selbst lernen. Dasselbe gilt auch für das Lehren. Lehren wird in unserem Alltagsverständnis meist mit Instruktion oder der Vermittlung von Wissen gleichgesetzt. Häufig aus dem Blick gerät, dass Sie als Lehrender nicht nur etwas über die zu lehrenden Gegenstände, sondern auch über Ihre Schüler und sich selbst als Wissenden erfahren. Doch auch Lehren gerät in der eigenen Wahrnehmung stets nur als eine *ganz bestimmte* Erfahrung in den Blick, im lernseitigen Zugang dieses Buches z. B. immer da, wo ein Sinn provoziert und eine Einstellung oder Haltung hervorgebracht wird, wo Sie in Ihrer Professionsethik und Ihrem Professionsbewusstsein gefragt sind, wo Sie systemisches Wissen und Handeln erwerben, wo Sie Bezüge sowohl zu den unterschiedlichen Persönlichkeiten in Ihrer Klasse als auch zu den zu vermittelnden Kompetenzen aufbauen, wo Sie sowohl die Sache als auch den einzelnen Schüler im Blick haben, wo Sie am Aufbau einer Beziehungskultur arbeiten oder sich an resonanzhaltigen Momenten orientieren. Erst dieser Blick aus der Distanz auf die Unterrichtssituation heraus macht es uns zuallererst möglich, bestimmte Zusammenhänge zu sehen. In der Distanz zum Geschehen und vor allem zu uns selbst können wir die je aktuelle Situation reflektieren, uns auf den vielleicht gerade neu entstandenen Bedarf einlassen und unser Handeln darauf ausrichten. Dabei müssen wir als Lehrende lernen, die Komplexität des Unterrichtsgeschehens wahrzunehmen – möglichst wenig auszublenden, uns auf die Gefühlslage unserer Schüler einzustellen oder sie zumindest zu registrieren, ebenso die Bedürfnisse, die daraus entstehen, oder aber auch die kreativen Impulse, die von den Schülern ausgehen und unsere Erwartungen überraschen. Die Arbeit mit Vignetten, die wir Ihnen in diesem Buch näher vorstellen werden, helfen Ihnen dabei, sich in dieser neuen Wahrnehmungsweise zu schulen und zu begreifen, welcher Art die hier beschriebene Komplexität sein kann. Die Auseinandersetzung mit dieser Textsorte soll Sie letztlich dazu ermutigen, andere Standpunkte einzunehmen, den Anrufen einer vieldeutigen Schulwelt Gehör zu schenken und auf der Suche nach lernseitigen Anknüpfungsmöglichkeiten auf immer wieder neue (Ab-)Wege zu geraten.

Zum Aufbau des Buches

Begleiten Sie uns auf diese Spurensuche des Lernens und lernseitigen Unterrichtens, vollziehen Sie diese Suchbewegungen mit uns mit und lernen Sie dabei die unterschiedlichsten Lernanlässe von Schülern, aber auch Ihre eigenen Lern- und Lehrgelegenheiten bewusst wahrzunehmen. Jedes Kapitel beginnt mit einer Vignette, die verdichtete Unterrichtssituationen exemplarisch veranschaulicht und Ihnen so einen ersten Eindruck von lernseitiger Wahrnehmung gibt. Hier entfalten wir unterschiedliche Möglichkeiten, wie und als was Sie Lernen in der Schule wahrnehmen können und welche Konsequenzen sich daraus für Ihr Lehren ergeben. Um die Anschlussfähigkeit zu aktuellen Unterrichts- und Bildungsthemen zu gewährleisten, wurde diese Lesart lernseitigen Unterrichtens an acht Kerngedanken ausgerichtet, die in Ihrem alltäglichen Lehren eine wichtige Rolle spielen und an denen Sie als Lehrer gemessen werden. Kritische Expertendialoge greifen die unterschiedlichen Lesarten auf: Dabei kommen in Form eines Forums[2] Schulführungskräfte, Lehrer und Wissenschaftler zu Wort

[2] Verfremdete Verdichtung originaler Dialogbeiträge. Das Forum als Textsorte für diese Reflexionen und sämtliche Namen der Forenmitglieder sind frei erfunden.

und diskutieren diese Kerngedanken vor ihren je eigenen (wissenschaftlichen und schulpraktischen) Erfahrungshintergründen miteinander, bringen weitere Beispiele lernseitigen Unterrichtens ein oder haken auch durchaus dort nach, wo Deutungen Einwürfe provozieren oder weitere Erklärungen erfordern. Am Ende eines jeden Kapitels fassen wir die konkreten Ansatzpunkte für Lernseitigkeit für Sie jeweils noch einmal pointiert zusammen. Die in den unterschiedlichen Kapiteln eingeschobenen Kästen sind für ein Verständnis lernseitigen Unterrichtens nicht zwingend notwendig, sondern laden Sie vielmehr dazu ein, kritische Diskurse zu vertiefen oder noch wenig bekannte Thesen und Begrifflichkeiten weiter auszufalten. Damit Sie eine Vorstellung davon bekommen, wie Sie einen lernseitigen Unterricht vorbereiten und durchführen können und wie das Lernmaterial aussehen sollte, das geeignet ist, einen lernseitigen Unterricht zu initiieren, werfen wir im letzten Kapitel einige Schlaglichter auf lernseitige Unterrichtssituationen und beleuchten grundsätzliche Aspekte zur praktischen Umsetzung auf der Basis der lernseitigen Erfahrungen von Schulpraktikern.

Anton, Alberta und Herr Anras

„Morgen ist Klassenarbeit, ich schreibe Übungen auf", begrüßt Herr Anras die Schüler, tritt an die Tafel und notiert dort einige Seitenangaben aus dem Übungsbuch für Mathematik. Anton schlägt sein Mathematikbuch auf, den Kopf dicht über das Blatt gebeugt löst er zügig die erste Übung. Sofort wandert sein Blick zur zweiten Übung. Seine Lippen bewegen sich lautlos zum Klang der Aufgabenstellung. Anschließend überträgt er den Zahlenstrahl vom Buch in sein Heft und zeichnet mit dem Lineal gleichmäßige Abstände von 4 mm ein. Abrupt hält Anton in seinen Bewegungen inne. Seine Augen wandern vom Heft zum Buch und wieder zurück. Dann fährt er mit dem Finger die Abstände des Zahlenstrahls im Buch entlang, lässt den Blick erneut zu seinem Heft gleiten, stützt den Kopf auf und lächelt. „Was machst du?", reißen ihn die Worte von Alberta, seiner Banknachbarin, aus seinen Überlegungen. Sie beugt sich über sein Heft. „Nicht so!", ruft sie tadelnd aus. Die beiden stecken die Köpfe zusammen, und Alberta erläutert flüsternd: „Bei 19 musst du weitermachen! Nicht so!" „Ich verstehe das nicht", antwortet Anton zweifelnd. Erneut tauschen sich die beiden murmelnd aus, Alberta rät ihm: „6, 7, dann musst du weitermachen, herausfinden, was da ist!" „Ah", kommentiert Anton wenig überzeugt ihre Erklärungen. Er radiert seinen Zahlenstrahl aus, zieht einen Strich mit seinem Lineal, blickt starr auf sein Heft. „Was machst du da?", will Alberta erneut wissen. Anton blickt weiterhin starr auf sein Heft. „Ich frage jetzt", äußert Alberta bestimmt, packt ihr Heft und läuft dem Lehrer entgegen. Anton senkt seinen Kopf, beugt sich noch tiefer über sein Heft, spannt seine Schultern an. Er schreibt, radiert und liest die kurze Aufgabenstellung wiederholt durch. Dann unterteilt er den Zahlenstrahl in Abstände von 5 mm, malt die Zahlen vom Buch mit dem Finger unter die Abstände, blickt erneut in das aufgeschlagene Mathematikbuch. Alberta stellt sich neben ihn, wirft einen schnellen Blick in sein Heft: „Hast du's gecheckt?", erkundigt sie sich unsicher. Anton reagiert noch immer nicht. Sein Blick wandert immer wieder vom Buch zum Heft und wieder zurück. Plötzlich flüstert er kaum hörbar: „Es geht." Der Lehrer kommt an seinem Tisch vorbei, Anton löst die Augen von seinem Heft und fügt stolz etwas lauter hinzu: „Ja, es stimmt, immer 4 mm." „Ein bisschen sauberer kannst du aber schon arbeiten", weist der Lehrer ihn zurecht. Anton verzieht keine Miene, beugt sich wieder über sein Heft, radiert und unterteilt den gesamten Zahlenstrahl nun in Abstände von 4 mm. Dann trägt er mit der Füllfeder nacheinander die Zahlen ein, zuerst 120, dann 350 und 230. Für die Zahlen 175 und 395 unterteilt er die 4 mm nochmals in 2-mm-Abstände. „Jetzt stimmt es! Schau, es stimmt, es geht!", ruft er laut aus. Er schaut von seinem Heft auf und dreht sich mit einem triumphierenden Blick zu Alberta um.[3]

Unterrichtsszenen wie diese sind in der Schule keine Seltenheit. Ein Lehrer betritt mit einem geplanten Ablauf im Kopf die Klasse. Er steht wie Sie und viele andere Lehrer unter Druck: Klassenziele müssen erreicht und erworbene Kompetenzen einer Prüfung unterzogen wer-

[3] Agostini et al. (2016), S. 46f.

den. Da bleibt keine Zeit, sich eingehender mit den Lernprozessen der Schüler zu befassen, geschweige denn schülereigene Lernexperimente zuzulassen oder gar zu befördern. Der Unterricht soll so ablaufen, wie Herr Anras es vorher mühevoll antizipiert und vorbereitet hat. Lernsettings und Lernwege eingeschlossen. Forscher der Universität Innsbruck und der Freien Universität Bozen sind in die Schulen gegangen, um sich genauer anzuschauen, was sich eigentlich im Unterricht abspielt, zwischen Lehrer und Schülern, zwischen den Schülern untereinander und zwischen den Schülern und ihrem Lerngegenstand. Im Gegensatz zu vielen Lehrkräften konnten sie sich die Zeit nehmen, sich auf die Komplexität schulischer Erfahrungssituationen einzulassen und kleinen, zunächst scheinbar nebensächlichen Ereignissen im Unterricht einen zweiten Blick zu schenken. Im Mittelpunkt ihres Forschungsinteresses stand dabei das Schülerlernen – so, wie sie es während ihrer Besuche miterfahren haben. Um diese Erfahrungen angemessen festzuhalten, entwickelte die Innsbrucker Forschungsgruppe die narrative Textsorte der Vignette. Als „Klangkörper des Lernens"[4] greifen Vignetten kontextualisiert in Zeit und Raum ausgewählte, besondere Momente einer Lernerfahrung in unterschiedlichen Klassenstufen und Fächern auf. Anhand von Vignetten versuchen die Forscher, ihre eigenen Mit-Erfahrungen nahe am Schüler in prägnanter Form für Sie als Lehrer zu schildern und zugleich die Lernatmosphären zum „Klingen" zu bringen.

Charakteristika der Vignette

Vignetten richten ihren Blick auf unerwartete Ereignisse, in denen Sinn seinen Ausgang nimmt und die damit schulisches Lernen zuallererst bedingen. Diese pathische Struktur sinnlicher Wahrnehmung, die darin besteht, dass uns etwas auffordert, stimuliert, anzieht oder abstößt und damit eigenen Erwartungen zuvorkommt, wird von den Vignettenschreibern prägnant beschrieben. In der Beschreibung der Tonalität der Stimmen kommt zum Ausdruck, was den Einzelnen in schulischen Situationen anspricht, anregt und aufregt, bevor es in Worte gefasst oder in Taten umgesetzt wird. Um dem lebendigen Lernen näher zu kommen, nehmen sie über die Gestimmtheit der Situation auch Ungesagtes und Überhörtes auf: Welche Verben geben den Ton wieder, in dem etwas gesagt, oder den Klang, in dem es hörbar wurde? Ist dies wie in der Erfahrungssituation von Anton und Alberta ein Flüstern oder aber eher ein Wispern, ein Tuscheln oder ein Murmeln? Antwortet Anton zweifelnd, argwöhnisch oder unsicher? Handelt es sich in der Interaktion zwischen Anton und dem Lehrer um ein Zurechtweisen oder eher um ein Zurechtstutzen oder Maßregeln? Gleiches gilt für das Versprachlichen der Bewegungsnuancen oder das Nachzeichnen der Blickrichtungen, die zwischen einer Sache und einer Person hin- und herwandern: Ist der Blick triumphierend, mit dem sich Anton zu Alberta umdreht, oder eher jubelnd und frohlockend? So gilt es Sprachbilder zu malen sowie Stimmungen und Atmosphären eine Stimme zu verleihen, die dem Geschehen den ursprünglichen Klang verleihen. Dabei fokussieren Vignetten insbesondere auch auf leibliche Artikulationen und damit auf das, was sich neben hörbaren Ausdrücken wie Fragen, Antworten und Geräuschen an Mimik, Gestik, Haltung, Gangart, Kleidung und Körperschmuck sichtbar zeigt.

[4] Schratz et al. (2012), S. 31

Im Unterschied zum bloßen Körper, den wir haben, wird der Leib, der wir sind, als lebendig und beseelt gedacht.[5]

Die Vignette und ihre didaktische Funktion

Vignetten beleuchten die Besonderheit der Unterrichtssituation für den einzelnen Schüler oder die Schülergruppe in der Interaktion miteinander, mit der Lehrkraft und mit dem Lerngegenstand. Die Aufmerksamkeit der Forscher richtet sich damit auf Momente, die Ihnen als Lehrer in der Verstrickung Ihres pädagogischen Handelns nicht immer zugänglich sind. Diesem Ziel dienen die Vignetten in unserem Buch: Sie sollen Ihnen vor Augen führen, in welcher vielschichtigen Gemengelage von Ansprüchen, Menschen und Dingen Unterricht abläuft und wie sich Lehren und Lernen in vielseitiger Abhängigkeit zeigen. Dabei stellt sich die Frage, wie Sie das Lernen Ihrer Schüler verstehen und folglich besser stützen und anstoßen können, ohne diesen affektiven Teil des Geschehens aus dem Blick zu verlieren. Im Schulalltag ist die pathische Struktur sinnlicher Wahrnehmung in Form von Atmosphären und Stimmungen für Sie wahrnehmbar, wenn diese auch meist unbewusst bleibt. Als Lehrer antworten Sie darauf und geben damit vor jeglicher ausdrücklichen Thematisierung ein wortloses Urteil ab. Schenken Sie weder diesen erfahrbaren Qualitäten noch der persönlichen Wahrnehmung auf leibliche Artikulationen Aufmerksamkeit, so gehen für Sie fachlich Relevantes und unterrichtspraktisch Wegweisendes verloren. Stimmungen und Atmosphären sowie leibliche Ausdrücke werden für Sie aber sehr gut wahrnehmbar, wenn sie in der Vignette mit ihren atmosphärisch dichten Beschreibungen wiedergegeben werden. Vignetten machen die konkrete Enttäuschung von Anton, der plötzlich nicht mehr weiterweiß, oder die Aufregung von Alberta, die sich beim Lehrer Hilfe holt, spürbar, hörbar und nachvollziehbar.

Damit wir unsere Wahrnehmungsfähigkeit schärfen und unser Gespür für das Atmosphärische wieder wach wird, ist eigene Erfahrung unumgänglich. In ihrer Konkretheit appellieren Vignetten an Sie als Leser und ziehen Sie bestenfalls in das beschriebene Handlungsgeflecht hinein. Dadurch werden Ihnen Situationen und Strukturbeschreibungen zugänglich gemacht, deren Geltung nicht auf die besonderen Umstände eines Fachbereiches, einer bestimmten Klasse oder Schule zu beschränken sind. Vielmehr ermöglichen Ihnen Vignetten, die Erfahrungen, die Sie beim Lesen machen, auch auf Ihre konkrete Unterrichtssituation zu übertragen. Indem Vignetten von einem konkreten Einzelfall ausgehen, knüpfen sie zugleich an Ihr persönliches Vorwissen an. Im Lesen von Vignetten nehmen Sie Ihren Spielraum der Erfahrung wahr und erweitern ihn durch die Überschreitung eigener Wahrnehmungs- und Erfahrungsgrenzen gleichzeitig. Anhand von Vignetten können Sie fremde Lernerfahrungen nachvollziehen und lernen, Anknüpfungspunkte für eigene Lehrhandlungen jenseits didaktischer Intentionen und geplanter Unterrichtsinhalte wahrzunehmen. Vignetten machen Lernen als unplanbares Ereignis erfahrbar und zeigen damit einhergehend auf, dass Lehren sich nicht rein über Lehrerinstruktionen und die Vermittlung von Wissen vollzieht.

5 Vgl. Waldenfels (2004), S. 28

In der Lektüre von Vignetten bleibt die Fülle und Reichhaltigkeit der Lernerfahrungen, die sich in ihnen artikulieren und die Sie im Lesen anrühren und betroffen machen, in möglichst vielen Facetten erhalten. Daher erfolgt üblicherweise nicht *eine* Analyse, Interpretation oder Deutung, die Ihnen als Leser den Inhalt der Vignette erklären soll und auf eine „gültige" Erklärung festschreibt. Vielmehr versuchen wir, über unterschiedliche Lektüren und in diesem Buch auch über verschiedene Illustrationen den Bedeutungsüberschuss, der sich in der sprachlichen Verdichtung einer Vignette verbirgt, möglichst vielperspektivisch auszudifferenzieren. Auch in der Lektüre beschreiten und entdecken wir Wege. Lektüren sind wie Erkundungen, zu denen Sie durch das Lesen von Vignetten angehalten werden, aber nicht als etwas Abschließendes, sondern als eine Leseart unter vielen möglichen, die Ihnen neue Perspektiven auf Ihren bisherigen Unterricht eröffnen.

Mit Vignetten kann weder das Phänomen des Lernens restlos aufgeklärt werden noch können von den verdichteten Unterrichtssituationen die bestmöglichen Konsequenzen für Ihr Lehren abgeleitet werden. Da die Stärke von Vignetten in ihrer wahrnehmbaren pädagogischen Achtsamkeit und Zuwendung liegt, kann in der Form eines pädagogischen „Ethos" jedoch Ihr Blick auf häufig vernachlässigte fremde Erfahrungen gelenkt werden. In den Vignetten fordern diese Sie auf, irritieren Sie und nötigen Ihnen dadurch eine Antwort ab, die über eine bereits vorgefertigte Sichtweise auf Schüler, aber auch die Schule hinausgeht. Der lernseitige Blick auf die Situation ist nicht nur theoriegeleitet, sondern nähert sich in Form einer wahrnehmenden Zuwendung dem „Schicksal" der Betroffenen an. Vignetten greifen ausgewählte, besondere Momente der Lernerfahrung einzelner Schüler auf. Damit bieten sie einerseits den Vorteil, ganz genau auf die Mikroperspektive zu fokussieren und die Handlungen der Teilnehmenden nachvollziehbar werden zu lassen. Durch diese zugänglichen Situationen werden andererseits auch Verhaltensweisen von Schülern sowie Strukturen von Schule erkennbar, die sehr viel über die Schule als System, seine Wirkmechanismen, Regeln und Grenzen – jedoch auch Möglichkeiten der Veränderung – bewusstwerden lassen. Dieses systemische Wissen kann, „lernseits" gewendet, neue Handlungsmöglichkeiten für Sie sichtbar werden lassen, die Sie für Innovationen im bestehenden System nutzen können.

Die Vignetten im Buch haben die Aufgabe, Ihnen Hinweise zu geben, wie Sie das Lernen Ihrer Schüler neu und anders wahrnehmen können. Was kann es bedeuten, lernseits zu lehren? Zur Beantwortung dieser Frage ist es wichtig, dass Sie die Vignetten im Buch aufmerksam lesen und die Unterrichtssituationen auf sich wirken lassen. Dazu ist es ratsam, nicht gleich über das Lehrerhandeln oder die Unterrichtsqualität zu urteilen, sondern hinzuspüren, was sich zeigt. Was fällt Ihnen auf? Welche Stimmungen und Atmosphären werden spürbar? Welche Erfahrungen werden hier gelebt? Was zeigt sich, wenn Sie vor allem die Erfahrungen der Schüler in den Blick nehmen? Was lösen sie bei Ihnen aus? Was zeigt sich anderes, wenn Sie auf die Lehrperson und ihre Lehrhandlungen fokussieren? Wie zeigt sich für Sie Lernen in der jeweiligen Vignette? Welche Implikationen ergeben sich daraus für Ihren Unterricht? All dies sind Fragen, die für Sie im Umgang mit den Vignetten dieses Buches leitend sein können.

III) Lernen und Lehren – zwei Seiten von Unterricht

1. Zur Eigentümlichkeit schulischen Lernens

In der Schule werden Kinder und Jugendliche in fachlicher Hinsicht häufig mit Strukturen, Ordnungen und Wissensbeständen konfrontiert, die lebensweltlich nicht erfahrbar sind, da sich ihre abstrakte Bedeutung von ihrer sinnlichen Veranschaulichung emanzipiert hat. Sie lässt sich nur schwer an das lebensweltliche Vorwissen der Schüler rückbinden. Als Beispiel sei die chemische Formel H_2O angebracht. Sie führt in abstrahierender Weise die aus Experimenten gewonnene Einsicht zusammen, dass Wasser im Verhältnis 2:1 aus den Gasen Wasserstoff und Sauerstoff entsteht bzw. sich etwa durch Elektrolyse im selben Verhältnis in diese Gase zerlegen lässt. Auf einer anderen, der Teilchenebene, drückt die Formel aus, dass jedes einzelne Wassermolekül aus zwei Atomen Wasserstoff und einem Atom Sauerstoff gebildet wird. Eine chemische Formel hat nichts mit dem Empfinden zu tun, das die Schüler mit dem Wort „Wasser" lebensweltlich in Verbindung bringen, z. B. die Eigenschaft „nass". Fachliche Inhalte sollten im Unterricht aber an lebensweltliche Erfahrungen anknüpfen. Dies bietet auch die Chance, darüber hinausweisend in andere, tiefere Strukturen der Erkenntnis vorzudringen.

Fachwissen, das sich Kinder und Jugendliche in der Schule erst aneignen müssen, ist dabei exklusiv und eindeutig im Hinblick auf einen bestimmten Zeichengebrauch und einen spezifischen Sprachstil. Häufig in Vergessenheit gerät, dass wissenschaftliches Wissen lebensweltlichem Wissen gegenüber keineswegs erhaben ist, sondern lediglich aus einem Ordnungsprozess sowie einer Einübung von brauchbaren Spielregeln resultiert. So stellt fachliches Wissen immer auch ein Wissen über unsere Lebenswelt dar, in Form einer bestimmten Sicht, die sich durch ihren besonderen Blickwinkel von lebensweltlichem Wissen unterscheidet. Die Formel H_2O beschreibt auf einer anderen Ebene das Wasser, das Schüler aus ihrer bisherigen Erfahrung kennen. Dass es sich aus den Elementen Wasserstoff und Sauerstoff zusammensetzt, ist lebensweltlich spätestens dann erfahrbar, wenn die Schüler im Chemieunterricht experimentieren und flüssiges Wasser durch Elektrolyse in die Gase Wasserstoff und Sauerstoff zerlegen. Fachwissen graviert im Grunde lediglich eine neue, erfinderische Gestalt in vertraute Verwendungszusammenhänge und macht es dadurch auf neue oder andere Art und Weise zugänglich. Dieser erfinderischen Kluft Rechnung zu tragen, bleibt eine herausfordernde Aufgabe auf allen Stufen des Lernens und Lehrens.[6]

Die Besonderheit schulischen Lernens besteht damit darin, lebensweltliches Wissen und Können in fachwissenschaftliches und damit reflexives Wissen und Können umzustrukturieren. Lehrer haben in diesem Zusammenhang die Aufgabe, Besonderheiten sowohl der lebensweltlichen als auch der fachwissenschaftlichen Wissensweisen hervorzuheben und dieser sinnstiftenden Kluft zwischen den beiden Wissensformen Rechnung zu tragen. Insbesondere die Beachtung des sinnstiftenden Moments, der just im Übergang von einem lebens-

[6] Vgl. Meyer-Drawe (1987a), S. 7–17

weltlichen zu einem fachwissenschaftlichen Wissen entsteht, setzt bei den Schülern Möglichkeiten zur schöpferischen Mitgestaltung von Unterricht frei, weil sie Verwendungsmöglichkeiten ausprobieren können, ohne dass Ergebnisse von einem immer schon feststehenden und erwarteten Ende her gedacht werden. Einmal auf eine bestimmte Wahrnehmungs- und Handlungsweise festgelegt, sind die Schüler nicht mehr frei für andere produktive Möglichkeiten. Ist die Form einmal gefunden, ist es schwierig, andere Formen des Wissens, Verstehens und Erkennens zu *er*finden.[7]

In der Vignette über Anton, Alberta und Herrn Anras konnten wir mit Anton erfahren, was es bedeutet, neue und eigene Wege auszuprobieren, um zum richtigen mathematischen Ergebnis zu kommen. Er hat dabei eine Entdeckung gemacht, die nicht vom Lehrer vorgedacht, möglicherweise auch nicht intendiert war. Diese Produktivität seines Handelns, dieses Erfinden neuer Wege entsteht, wenn wir Lehrenden bildlich gesprochen nicht gleich eine Brücke über die Kluft zwischen lebensweltlichem und fachwissenschaftlichem Wissen derart bauen, dass alle Lernenden möglichst schnell im Gleichschritt über diese Brücke laufen, alle auf dem gleichen schmalen Weg (hier der gleichen Rechenwege), ohne nach links oder nach rechts zu schauen. Lassen wir unsere Schüler dagegen selbst herausfinden, wie sie diese Kluft überwinden, dann öffnet sich der Raum für Irritationen. Die Schüler machen sich auf ihre ganz eigene Expeditionsreise und entdecken auf diesem Weg Dinge, Möglichkeiten, die ihnen verwehrt geblieben wären, hätten sie die Abkürzung über die Brücke genommen. Herr Anras hat vielleicht eher unbewusst diesen Raum für Anton eröffnet und möglicherweise auch nur mehr oder weniger gutgeheißen, denn Anton bekommt ja einen Rüffel, weil er im Heft geschmiert hat. Dieses „Schmieren" waren aber sozusagen die Spuren seiner Expeditionsreise. Sie waren nötig. Das hätte Herr Anras sicher anders würdigen können, wenn er bewusst „lernseitig" mit der Situation umgegangen wäre, d. h. wenn er diese Spuren als Zeichen von Antons Anstrengung wahrgenommen und positiv bewertet hätte.

2. Lernen „jenseits" und „diesseits" von Unterricht

Lehrende neigen oftmals dazu, aus ihrer eigenen habituellen Verflochtenheit heraus, in der Begegnung mit den Schülern sinnstiftende Auseinandersetzungen mit den Dingen zu übergehen. Dabei drücken diese Reibungen eine Fremdheit des Kindes gegenüber seiner Welt wie gegenüber sich selbst aus und ermöglichen schulisches Lernen zuallererst. Die auf den ersten Blick möglicherweise befremdlich erscheinende Einsicht, dass Dinge nicht lediglich Objekte sind, denen Menschen als autonome Subjekte gegenüberstehen, sondern dass sie auffordern, etwas mit ihnen zu tun oder sogar etwas Bestimmtes mit ihnen zu tun, ist insbesondere Kindern, aber auch Erwachsenen bei genauerem Hinsehen keineswegs fremd. Eine saubere Tischdecke fordert beispielsweise auf, achtsam beim Essen zu sein. Sie kann eine festliche Stimmung erzeugen. In der Geschichte vom Zappel-Philipp verlockt sie dagegen dazu, an ihr zu ziehen. Hängt sie tief über die Tischkante, so ist es für Kinder reizvoll, sich

[7] Vgl. Agostini (2017), S. 30

unter ihr zu verstecken.[8] Dasselbe gilt für einen Schlüsselanhänger: Ist der Gegenstand schlicht und einfach Schlüsselanhänger, dann entspricht er einem sachgemäßen Zweck und er appelliert in dieser Zweckmäßigkeit, weil die Person einen Schlüssel hat. Dieser bestimmte Schlüsselanhänger hat auch einen Wert, durch den etwas gefordert ist und der damit ein angemessenes Handeln verlangt, beispielsweise ihn in einer bestimmten Art und Weise anzuschließen. Als ‚kleines eckiges Etwas' ist es die Gestalt des Anhängers, die insbesondere das Kleinkind auffordert, den Gegenstand zu betasten oder ihn in den Mund zu schieben. Wird der Gegenstand nach einem unliebsamen Gegenüber geworfen, so appelliert ein Erfahrungswert, der im Zusammenhang mit dem Werfen steht. Deutlich wird, dass ein Gegenstand ganz spezifische Eigenschaften aufweisen muss, um zu bestimmten Handlungen herauszufordern. Um geworfen zu werden, muss der Schlüsselanhänger ausreichend schwer sein und die Möglichkeit bieten, ihn gut in die Hand nehmen zu können. Das Beispiel führt vor Augen, wie verwoben die Appelle eines Gegenstandes mit der eigenen Person, mit ihren Erwartungen, Bedürfnissen und Erinnerungen sind. Zudem sind sie in einen situativen Kontext eingebettet, der mehrere Handlungsmöglichkeiten gleichzeitig anbietet.[9]

Dinge fordern ein bestimmtes Handeln, das ihren Zwecken ent- oder widerspricht. Damit fallen Dinge fast nie mit den Absichten zusammen, für die sie hergestellt wurden, sondern tragen vielmehr Bedeutungen in sich, die eine Vielzahl von Möglichkeiten anzeigen. Insbesondere für Kinder stimmen die Dinge nicht mit den intersubjektiv vermittelten Normen, Werten oder Zwecken überein, die sie für Erwachsene primär haben. Kinder, deren Wahrnehmungsgewohnheiten noch nicht vollends festgelegt sind, sehen mehr und anderes als Erwachsene. Im Hinblick auf schulisches Lernen birgt diese lebensweltliche Sichtweise ihre Grenzen und Möglichkeiten. Während lebensweltliches Wissen im Sinne eines Vorwissens die Bedingung der Möglichkeit darstellt, überhaupt Erfahrungen zu machen und damit zu lernen, begrenzt es neue Erfahrungen auch. Eingebettet in ein lebensweltliches Wissen muss diese selbstverständliche Struktur lebensweltlichen Wissens zuallererst in ihrer praktischen Bedeutung gestört werden, damit Momente der Fremdheit und der Andersheit zum Ausdruck kommen und bestehende Erwartungen durchkreuzen können. Als Widerfahrnisse fügen sich diese Erfahrungen vorerst und vielleicht auch niemals in eine vertraute Struktur ein. Erst wenn sich das Neue für die Person als bedeutend und sinnvoll herausstellt und somit einer Umstrukturierung der Weg geebnet wird, kann ein Übergang von einem *„lebensweltliche[n] Auskennen"* zu einem *„wissenschaftliche[n] Erkennen"*[10] stattfinden.

In der Verwendung des Schlüsselanhängers als Talisman tritt beispielsweise etwas Symbolisches in Erscheinung: Dieser „symbolische Überschuss"[11] ruft in seiner Aufforderung, ausgehend von der sinnlichen, ästhetischen und emotionalen Erscheinungsweise des Anhängers, eine Vielzahl an Emotionen und Assoziationen hervor. Damit gibt es auch Appelle, die eigene

[8] Vgl. Stieve (2013), S. 92

[9] Vgl. Agostini (2015), S. 146

[10] Meyer-Drawe (1996), S. 88; Hervorhebung im Original

[11] Waldenfels (1994), S. 483

Bedürfnisse zuallererst motivieren und damit jeglichen Werten und Erwartungen zuvorkommen, weil sie uns unvorbereitet treffen und uns eine Antwort abnötigen. Die Dinge werden von uns nicht nur geordnet, sondern widerfahren uns aufgrund einer die eigenen Erfahrungen überschreitenden Potenzialität. Diese Erkenntnis setzt eine Lern-Lehrtheorie voraus, die das Lernen als menschliche Erfahrung begreift und ihre bildende Kraft darin sieht, wirkmächtige Erfahrungen in der Auseinandersetzung mit und in der Welt zu verantworten. Damit in Zusammenhang stehen Lehrende, welche im Lehren einer irritierenden Verwicklung der Menschen mit der Welt Rechnung tragen.

Bei einem Lernen *als* Erfahrung – und nicht *durch* Erfahrung – machen die Lernenden nach der Phänomenologin und Pädagogin Käte Meyer-Drawe eine *„Erfahrung über die eigene Erfahrung"*[12]. Dies ist dann der Fall, wenn die Schüler eine Übereinstimmung zwischen ihren Intentionen und den Vollzügen vermissen, d. h. alte Vorerfahrungen nicht mehr tragen. In diesem Prozess der Erfahrung werden Erwartungen enttäuscht und gelangen damit zu Bewusstsein. Damit muss Lernen vor allem als ein *Umlernen* bestimmt werden. Nach diesem Verständnis lernen Schüler dann, wenn sie genötigt sind, das eigene Vorwissen aufgrund der neuen Erfahrung umzustrukturieren. Damit geht dieses nicht verloren, erhält aber einen neuen Index. Dieser Prozess des Lernens ist äußerst produktiv, hat jedoch auch eine gewisse Hilflosigkeit der Lernenden zur Folge, da sie nicht nur das eigene Wissen infrage stellen, sondern sich auch selbst als (wissende) Unwissende erfahren.[13]

Auffassungen vom Lernen und ihr Zusammenhang mit Lehren hängen in hohem Maße von Diskursen ab, die öffentlich gepflegt werden.[14] So wird aktuell im Sinne eines „Methoden-Lernkurzschluss[es]"[15] in vielen Schulen auf die schlechten Ergebnisse von externen Untersuchungen wie PISA oder IGLU dahingehend reagiert, dass Lehrer intensive Methodentrainings erhalten und ausgetüftelte Lernparcours entwickeln oder aber sich zu Lerncoaches ausbilden lassen, in der Meinung, dass durch diese neuen Lernsettings und Herangehensweisen das Lernen der Schüler verbessert wird. Frontalunterricht weicht offenen Unterrichtsformen, Fremdführung Modellen der Selbststeuerung, konkret umgesetzt in Lernparcours oder über Arbeitsblätter, Wochenpläne und Selbstevaluationen. Schenken wir jedoch einer pädagogischen, phänomenologischen Auffassung von Lernen Glauben, so ist dies eine persönliche und ungeordnete Angelegenheit. Für die Praxis des Unterrichtens bedeutet dies, dass das Lernen der Schüler nicht das unmittelbare Ergebnis des von der Lehrkraft Geplanten oder auch des von den Schülern Intendierten ist. Das Lernen der Schüler bleibt damit weitgehend den eigenen Absichten der Schüler, aber auch jenen der Lehrkräfte entzogen. Was in einer Unterrichtssituation funktioniert, mag in einer anderen scheitern. Die Mehrdeutigkeit der Dinge, aber auch die Handlungen der anderen sind größtenteils eben nicht antizipierbar – auch

[12] Meyer-Drawe (2013a), S. 74; Hervorhebung im Original
[13] Vgl. Meyer-Drawe (2013a), S. 68
[14] Vgl. Meyer-Drawe (2012a), S. 13–40
[15] Schratz (2014), S. 316

nicht durch Arbeitsblätter oder Wochenpläne, mithilfe derer die Lehrperson versucht, die Individualität der Einzelnen zu berücksichtigen. Während die Lehrer dabei lediglich das *Wie* der Vermittlung im Blick haben, werden notwendige Irritationen im Erfahrungsprozess zugunsten scheinbar optimierender Interventionen umgangen.

Im Sinne einer phänomenologischen, pädagogischen Betrachtungsweise des Lernens ist der „Anfang des Lernens [...] keine Initiative, sondern eine Antwort auf einen Anspruch"[16], der von den Dingen oder dem anderen ausgehen kann, der trifft, irritiert und stört. Wird Lernen als eine transformierende Irritation, als ein Ereignis gesehen, das durch das Durchkreuzen einer vorhergehenden Erwartung eine neue Einsicht aufkommen lässt, dann rücken die widerständigen Momente, in denen das Fremde einbricht in vertraute Muster und Strukturen, in den Mittelpunkt der Betrachtungen. Richten wir unseren Blick auf produktive, sinnstiftende Differenzen, dann geraten jene Ereignisse ins Blickfeld, die als Ungeplantes und Unvorhergesehenes Bekanntes und Geplantes durchkreuzen. Zugleich wird dadurch der Blick für neue Möglichkeiten des Lernens und Lehrens freigegeben.

Zur Verdeutlichung der Beziehung zwischen dem, was Lehrende erfahrend lehren, und dem, was Lernende erfahrend lernen, aber auch, um den pädagogischen Bezug zwischen Lernen und Lehren im Blick zu behalten, hat der Schulpädagoge Michael Schratz das Begriffspaar „lehrseits" und „lernseits" eingeführt.[17] Mit diesen räumlichen Metaphern möchte der Autor aufzeigen, was sich im Unterricht als persönliches Ereignis „jenseits" und „diesseits" der geplanten Lehrhandlungen für die Einzelnen, d. h. Lehrer ebenso wie Schüler, ereignet. Mit diesen Bestimmungsmerkmalen soll das fachliche Beziehungsgefüge, das die Grundkonfiguration jedes Lern- und Lehrgeschehens bestimmt, gekennzeichnet werden. In einer lernseitigen Akzentuierung ist die Lern-Lehrbeziehung durch eine prinzipielle Offenheit für Wahrnehmungen und Erfahrungen charakterisiert, die die eigenen Erwartungen durchkreuzen und dadurch Lernen zuallererst ermöglichen.

Greifen wir noch einmal die Kluft-Metapher auf. Lernen vollzieht sich gewissermaßen im Durchwandern dieser Kluft, die das weltliche zu einem fachlichen Wissen führt. Gerade deshalb ist es so wichtig, nicht vorschnell über diese Kluft hinwegzusehen, sondern genauer zu betrachten, was sie ermöglicht, nämlich dass Lernen nicht nur rezeptiv geschieht, sondern ein ständiges Wiederaufnehmen der persönlichen Wissensgeschichte des Lernenden ist, das ein Neu-Hervorbringen und ein Umgestalten derselben miteinschließt. Wenn ich als Lehrender die Kluft „lehrseits" betrachte, also mich im „Diesseits" des Unterrichts aufhalte, dann nehme ich die Kluft vielleicht einfach nur als Hindernis wahr, das es zu überwinden gilt. Dabei bleibe ich in meinen eigenen Vorstellungen und vorgefassten Meinungen darüber, welcher Weg wohl für alle Schüler der richtige sei. Die Brücke bietet sich als kürzeste Verbindung an und führt am schnellsten zum Ziel (z. B. schnellster und etabliertester Rechenweg). Ich baue diese Brücke selbst (z. B. durch Arbeitsbögen, Aufgabenstellung, Hinführung zum Ergebnis)

16 Meyer-Drawe (2012a), S. 154f.

17 Vgl. Schratz (2009), S. 16–21

und schicke meine Schüler genau auf diesem schmalen Weg los, ohne dabei selbst mitzugehen und mir anzuschauen, welche Erfahrungen sie wirklich machen. Es muss reichen, dass ich diese Erfahrungen ja schon vorweggenommen habe. Irgendwie so ähnlich wird es bestimmt auch vonstattengehen. Mit diesem Gedanken tröste ich mich quasi, begebe mich ans Ziel (weil ich den Weg ja längst kenne) und stelle mir vor, dass ich meine Schüler dort wieder abhole. Zumindest die, die es bis dahin geschafft haben.

Lernseits, also mit Blick auf das Lernen „jenseits" des Unterrichts, nehme ich die Kluft ganz anders wahr, nämlich als Chance, als eigentlichen Lernraum, in dem meine Schüler experimentieren und ihre eigenen Erfahrungen machen können. Ich gebe keinen Weg vor und das Ziel ist auch nicht, diese Kluft so schnell wie möglich zu überwinden, sondern sich frei in ihr zu bewegen. Ich begreife die Kluft als Experimentier- oder auch Expeditionsraum, locke meine Schüler und mich selbst heraus aus der Stube der eigenen aktuellen Weltsicht, aus den festgefahrenen Meinungen und Routinehandlungen und schicke uns auf die Erkundungsreise. Dabei ermögliche ich ihnen und mir Begegnungen mit dem Unbekannten und für uns alle eröffnen sich neue Erfahrungsperspektiven. Lernen vollzieht sich in diesem Sinne in unvorhergesehenen und unplanbaren Suchbewegungen und führt bestenfalls alle weiter, aber durchaus nicht alle in der gleichen Zeit an das gleiche Ziel. Was jeder gewinnt oder auch verliert, ist wahrscheinlich so individuell wie unsere Persönlichkeit und unser Zur-Welt-Sein.

Eine Erfahrung ist für alle leitend: Das, was wir anfangs als Kluft, also als Hindernis, das es zu überwinden gilt, klassifiziert haben, erweist sich auf unserer Erkundungsreise als Weg durch eine vielfältige Landschaft mit einem reichhaltigen Angebot, uns zur Welt und zu anderen in eine zugewandte und antwortende Beziehung zu setzen. Uns einzulassen und verändern zu lassen. Dies ist durch eine responsive Grundhaltung möglich.

Responsivität

Das Konzept der Responsivität geht auf den Phänomenologen Bernhard Waldenfels zurück. Waldenfels geht davon aus, dass sich Erfahrungen aus fremden Ansprüchen generieren. Fremde Ansprüche machen sich bemerkbar als Aufforderung, Provokation, Anspruch oder Aufforderungscharakter, auf welche geantwortet werden muss. Diese Antwort kann sowohl verbaler als auch nonverbaler Natur sein, z. B. ein Blick. In seinen vielen Untersuchungen stellt Waldenfels sich immer wieder die Frage, wie Abweichungen und Störungen ausreichend Raum gegeben werden kann, ohne bereits durch die Form der Antwort die damit einhergehenden Herausforderungen zu eliminieren. Erst in einer produktiven Antwort auf dieses Fremde tritt Neues ins Bewusstsein, sodass gelernt wird. Responsivität hat im Gegensatz zu traditionellen bildungstheoretischen Konzepten der Selbstwerdung, Selbstbestimmung und Vervollkommnung ein Fremd- und Anderswerden zum Ziel.[18]

[18] Vgl. Waldenfels (1994)

3. Was „lernseits" meint

Hannelore und Frau Hunter

Frau Hunter ist wie in der Englischstunde am vorigen Tag erneut dabei, den Unterschied zwischen „leave"[19] *und „live"*[20] *zu erklären. Diesmal geht es um die Aussprache. In den hinteren Reihen spielt Hannelore mit einem Gummiband. Frau Hunter sieht es und fragt: „What's that, a chewing gum?"*[21] *„No", sagt Hannelore verlegen und schiebt das Band von sich. Unvermittelt ruft Frau Hunter: „Take it again!"*[22] *Hannelore schaut sie verwundert an, nimmt das Band in die Hand und schaut erneut zu Frau Hunter. Diese zieht nun zwischen ihren hochgehobenen Händen ein fiktives, unsichtbares Gummiband langsam und weit auseinander, dabei spricht sie „liiiiiv ... have you seen? And now you!"*[23] *Sie blickt Hannelore aufmunternd an. Diese lacht verlegen, zieht ihr Band auseinander und wiederholt „liiiiv"*[24]*. Frau Hunter nickt zustimmend: „And now ‚live'!"*[25] *Hannelore lässt das Band los und wiederholt „live!"*[26]*. Hannelores Banknachbar schnappt sich das Band, dehnt es und lässt es mit einem zischenden „live"*[27] *los. Frau Hunter lobt ihn: „Exactly!"*[28] *Als mehrere Schüler Gummibänder hervorkramen, ruft sie: „No, stop it! No chance!"*[29] *Die Schüler lachen.*[30]

Lehrende werden in diesem Prozess immer wieder auch zu Lernenden und Schüler umgekehrt zu Lehrenden, beispielsweise wenn sie dem Lehrer eine neue Sichtweise eröffnen, mit der er eine Situation oder einen Gegenstand noch nie oder schon lange nicht mehr betrachtet hat, oder wenn alle jeweils etwas über das Lernverhalten und die Gefühle der anderen, auch des Lehrers, erfahren. Beim lernseitigen Lehransatz werden die gelebten Erfahrungen beim Lernen zum Ausgangspunkt der Überlegungen gemacht. Nicht das (zu) bildende Subjekt, der Schüler, steht im Mittelpunkt, sondern die im Unterricht gemachten Lernerfahrungen einerseits der Schüler und andererseits der Lehrperson. Auf diese Weise kann der Verwobenheit von Lehren und Lernen Rechnung getragen werden.[31] Lehren im „Modus des Lernens" gedacht bedeutet, responsiv zu unterrichten, d. h. auf das Handeln und die sichtbaren Lernerfahrungen der Schüler unmittelbar zu antworten und so beim Lehren gleichzeitig immer auch selbst zu lernen. Mit Blick auf das Lernen lässt sich durch diese antwortende Grundhaltung eine Vielzahl von Anknüpfungsmöglichkeiten für Lern-Lehrprozesse ausmachen.

19 „verlassen"
20 „leben"
21 „Was ist das, ein Kaugummi?"
22 „Nimm es erneut!"
23 „verlaasssen ... Hast du gesehen? Und nun du!"
24 „verlaaassen"
25 „Und nun ‚leben'!"
26 „leben"
27 „leben"
28 „Genau!"
29 „„Nein, hört auf damit! Keine Chance!"
30 Baur & Peterlini (2016), S. 77
31 Vgl. Schwarz et al. (2013), S. 10

Im Lernen zeigt sich eine Kluft zwischen lebensweltlichem und wissenschaftlichem Wissen. Aber nicht nur. Gleichzeitig klafft eine zeitliche Lücke zwischen Lehren und Lernen. Im Lehren antworte ich auf die bisher unbekannten Ansprüche, die sich mir mit Blick auf die Erfahrungen meiner Schüler darbieten. Diese überraschen und irritieren mich, manchmal fühle ich mich auch von ihnen überrumpelt oder überfordert. Auf alle Fälle führen sie dazu, dass ich nicht sofort darauf antworten kann. Diese fremden Ansprüche verlangen mir bisher unbekannte Antworten ab und meinen damit mehr als eine bloße Reaktion auf einen Reiz. Genau diese Verzögerung führt dazu, dass ich als Lehrperson nicht lediglich reagieren kann, sondern innehalten muss, um in der Lage zu sein, neue Antworten auf das Lernen meiner Schüler zu *er*finden.

Lehrseits betrachtet wird diese Lücke, diese Kluft als gegeben hingenommen, als etwas, das Lehrer und Schüler voneinander trennt und abschottet. Lehrerrolle und Rollen der Lernenden sind klar verteilt. Ein schülerorientierter Unterricht bemüht sich allenfalls darum, dass der Lehrer den Schülern in seiner Rolle näherzukommen versucht, indem er etwas eigentlich Unmögliches versucht, nämlich zu antizipieren, was und wie seine Schüler lernen. Er kommt ihnen empathisch entgegen und versucht sich in ihre Perspektive hineinzuversetzen. Eine andere Methode, dem Schüler in der Rolle des Lehrers näher zu kommen, ist, zum Lerncoach zu werden, d. h. weniger frontal vorzugeben, sondern die Aufgaben vorab so klar zu formulieren, dass die Schüler selbst den (vom Lehrer zuvor geplanten) Weg zum Lernziel finden, und ihnen beim Nachvollzug dieses Lernweges als Ansprechpartner und Begleiter zur Verfügung zu stehen.

Lernseits betrachtet gibt der Lehrer seine Rolle als Lehrender immer wieder zwischendurch auf und begreift sich selbst als Lernenden. Indem er sich mit den Schülern gemeinsam auf Expeditionsreise begibt, und zwar nicht als Lerncoach, der den Weg vorherbestimmt hat und lediglich als Begleiter fungiert, sondern selbst als Suchender. Damit begegnen Schüler und Lehrer einander als Lehrende und Lernende. Was der Lehrer sucht, unterscheidet sich dabei freilich von dem, was die Schüler suchen. Als Lehrer sucht er nach Erkenntnissen, wie und was die einzelnen Schüler lernen, wenn sie eigene Wege beschreiten, er teilt ihre Lernerfahrungen, vollzieht auch ihre Stimmungen und Gefühle dabei nach und bringt sie dazu, sich auf bisher unbekanntes Terrain vorzuwagen. Dazu beobachtet er sie eingehend und lässt sich von ihnen in seinen Grundeinstellungen und Haltungen, in seinen Meinungen und Denkschemata irritieren. Auf diese Weise erschließt er sich selbst neue Erfahrungshorizonte und schreibt seine *eigene* Wissensgeschichte weiter.

So wird aus der vermeintlichen Kluft ein spannender Weg, der als trennendes und zugleich verbindendes Element erkannt wird,[32] das Lern-Lehr-Geschehen zuallererst in Gang setzt. Und so können Lernen und Lehren als die zwei Seiten von Unterricht für die Unterstützung von Lernen genutzt werden. Lernen und Lehren bestimmen sich gegenseitig, denn im Klassenzimmer sind sie miteinander verflochten und kulminieren (oder auch nicht) in unterschiedlichen Situationen.

32 Vgl. Waldenfels (1987), S. 39

Im pädagogischen Bezug „lernseits" des Unterrichts sind Lehrende und Lernende in gleicher Weise in das Unterrichtsgeschehen verwickelt. Als pädagogisch Verantwortliche zeigen Lehrpersonen Anteilnahme für ihr Gegenüber, indem sie ihre Aufmerksamkeit bewusst darauf lenken, gewissermaßen hinspüren, welche Möglichkeiten im Entstehen begriffen sind. Lehren im Modus des Lernens betrachtet, meint, taktvoll und responsiv zu handeln und in Beziehung zur Sache und zueinander zu sein. Tanja Westfall-Greiter, ein Mitglied des Innsbrucker Vignettenforschungsteams, reflektiert über die wechselseitige Durchdringung von Lehren und Lernen als zwei „einander entgegengesetzte[n] und dennoch aufeinander bezogene[n] Erfahrungen", wenn sie schreibt: „Mein Lehren vollzieht sich erst im Lernen der anderen. Mein Lehren ist verstrickt mit dem Lernen der anderen. Als Lehrerin befinde ich mich in einer äußerst ambivalenten Situation: Einerseits erzeugt mein Lehren kein Lernen, andererseits bedingen Lehren und Lernen einander. [...] Lernend lehre ich und lehrend lernen die anderen."[33]

Die lernseitige Akzentuierung

„Lernseits" meint anderes als Schülerorientierung, in der die Lernenden nur als Adressaten der vor- bzw. aufbereiteten Unterrichtsinhalte mitgedacht werden. Eine lernseitige Betrachtungsweise ist aufgeschlossen für den Aufforderungscharakter von Dingen und Situationen, aber auch für Appelle, die von anderen Personen ausgehen. Damit schiebt sie eine Differenz zwischen das Wissen und die Überzeugung, dass es eine zutreffende und „richtige" Sicht auf einen Sachverhalt, eine einzig mögliche Perspektive auf Schüler oder die Schule selbst gibt. „Lernseits" impliziert einen fremden Blick und wirkt damit gegen die Tendenz, dass es mit zunehmender Handlungssicherheit für Lehrkräfte immer schwieriger wird, die Vielfalt an Aufforderungsangeboten zu sehen, weil die Bindung an vertraute Prämissen neu infrage gestellt werden muss. Der lernseitige Blick richtet sich auf oft vernachlässigte Vollzüge im Lern- und Lehrgeschehen, die dem oberflächlichen Sehen häufig entgehen oder gar überflüssig erscheinen.

FORUM[34]: Was „lernseits" meint

BIRGIT LENZ | 01.04.2017 | 15:30 UHR

Wer hat den fremden Blick? Was heißt das genau? Müssen Lehrkräfte also, um lernseitig unterrichten zu können, alles, was sie wissen über Bord werfen, und „ganz anders" denken? Das erscheint ein wenig wie die Aufforderung „Sei spontan!" Wie kann man denn ganz anders sein oder werden? Wenn „lernseits" auch nicht mit Individualisierung gleichgesetzt werden kann, bei der mit einem antizipierenden Blick auf die einzelnen Schüler Unterrichtsinhalte differenzierend und damit grenzsetzend aufbereitet werden, woran können Lehrkräfte denn dann anknüpfen? Man kann doch immer nur an das anknüpfen, was man kennt.

[33] Schratz et al. (2012), S. 26

[34] Das Forum als Textsorte für diese Reflexionen und sämtliche Namen der Forenmitglieder sind frei erfunden.

Natürlich können und sollen wir nicht alles über Bord werfen, was wir wissen und bisher gemacht haben! Allerdings sollten wir im Unterricht das Geschehen nicht nur aus der Perspektive des Gewohnten und Erwartbaren betrachten – sonst sind ihm enge Grenzen gesetzt. Goethe schreibt: „Man erblickt nur, was man schon weiß und versteht." Lehrseitig kennen wir uns aus, fühlen uns sicher, setzen wir die Interventionen für den Unterricht: Daher wird die Aufmerksamkeit auf die Umsetzung eines geplanten Vorhabens, einer geplanten Unterrichtseinheit oder einer vorbereiteten didaktischen Abfolge gerichtet. Diese ist wichtig und bildet sozusagen das Standbein. Mit dem Standbein bin ich, um in der Analogie zum Basketball zu bleiben, wenig beweglich – was zählt, ist das Spielbein. Mit diesem habe ich die Möglichkeit, mir einen Entwicklungsraum für den nächsten Schritt zu schaffen, der immer auch stark von den Handlungen der anderen abhängt. Sich im Unterricht stärker „lernseits" zu orientieren, meint, den Raum zu halten und zu erweitern, Möglichkeiten zu schaffen und damit für die entstehende Zukunft zu öffnen – ansonsten wird die ganze Aufmerksamkeit auf die Umsetzung der Planung gesetzt. Claus Otto Scharmer bietet in seiner „Theorie-U" ein Modell, das seinen Ansatz im (Unter-)Brechen der bisherigen Muster hat, zum Loslassen des mitgebrachten Urteils auffordert, um die Realität mit frischem Blick zu betrachten. Auch er greift dabei Erkenntnisse aus der Phänomenologie auf. Nach ihm heißt es hinzuspüren, sich mit dem Feld zu verbinden, einzutauchen und die Situation aus der Gesamtsituation, d. h. der engen Verflechtung von Lehren und Lernen heraus zu betrachten.[35]

Die lernseitige Perspektive ist eine Akzentuierung, die die Gerichtetheit der forschenden und lehrenden Aufmerksamkeit bestimmt und damit eine häufig vernachlässigte Seite im Lern-Lehrgeschehen in den Blick nimmt und ins Spiel bringt.[36] Die lernseitige Blickrichtung macht bewusst, dass die festgelegten Spielregeln nicht die einzig mögliche Ordnung sein müssen und dass sowohl Lernende als auch Lehrende wieder davon abweichen und neue Perspektiven einnehmen können. Dabei lernen Lernende von Lehrenden, aber auch umgekehrt Lehrende von Lernenden. „In einer solchen Optik wird der Lernende zum ‚*Mit*-Subjekt' im Erziehungs- und Unterrichtsgeschehen, dessen Erfahrungen nicht verloren gehen sollten."[37]

„Lernseits" lehrend und lernend in einem gemeinsamen Verständnisvollzug

„Eines Tages ‚können' wir eine Leistung. Wir wissen daher nichts zu sagen über den Prozess, der zum Können geführt hat, weil dieses Können erst die Bedingung dafür darstellt, dass wir uns eines Lernens bewusstwerden."[38] Lernen ist damit durch ein Vergessen bedroht. Die einzige Möglichkeit für Lehrer besteht deshalb darin, immer von neuem zu versuchen, durch ihre

35 Vgl. Scharmer (2009), S. 204
36 Vgl. Schwarz (2016), S. 34
37 Peterlini (2016), S. 29
38 Buck (1989), S. 7

Schüler die Vieldeutigkeit der Welt gegen die Ordnungen des Gewohnten und Vertrauten zurückzugewinnen. „Der Lernende sieht nicht nichts, er sieht aber auch nicht alles, er sieht die Dinge anders. Diese andere Sicht der Dinge wiederzugewinnen, ist eine schwierige und unabschließbare Aufgabe auf allen Stufen des Lernens."[39] Die Lernenden im pädagogischen Bezug als Mit-Subjekt im Lernvollzug zu sehen, den Blick auf die produktive Vieldeutigkeit von Gegenständen und Welt zu lenken und die Schüler im Überschreiten ihrer Erfahrungsgrenzen zur Ausbildung einer neuen symbolischen Gestalt zu bewegen, darin besteht für Lehrende die Herausforderung einer lernseitigen Orientierung auf Schule und Unterricht, die auch sie selbst nicht unverändert lässt.

Schüler initiieren im Bildungsgeschehen mit ihrem Handeln eine Vielzahl „fruchtbare[r] Moment[e]"[40]. Diese müssen von den Lehrenden erkannt, aufgegriffen und damit ihrer Verwirklichung zugeführt werden. Pädagogisches Handeln „lernseits" des Unterrichtens „rückt das Lernen aus dem Schattendasein ins Licht und erkennt die Komplementarität des Handelns der Beteiligten als konstitutiv für den Vollzug der Lernerfahrung an"[41]. Was damit gemeint sein kann, führt obenstehende Vignette deutlich vor Augen: Frau Hunter, die Englischlehrerin, stößt in der Englischstunde in ihrer Vermittlung auf Schwierigkeiten. „Erneut" erklärt sie den Unterschied zwischen „leave" und „live", wobei diesmal die Aussprache im Mittelpunkt ihrer Ausführungen steht. Für die Schüler scheint die Notlage darin zu liegen, die geschriebenen Buchstaben mit den gesprochenen Lauten in Zusammenhang zu bringen. „Unmittelbar" wird für Frau Hunter jedoch etwas sichtbar. Damit scheint sie selbst auch eine Möglichkeit zum Sichtbarmachen gefunden zu haben. Sie greift die Aufforderung auf, die vom Gummiband ausgeht, und bringt den Ton durch das langsame Anspannen und das schnelle Loslassen des Gummibandes zum Ausdruck. Im Anziehen und Loslassen erfahren die Schüler diesen Ton ganz konkret am eigenen Leib.[42] Frau Hunters lernseitiger Zugang zum Lerngeschehen lässt das Gummiband nicht nur in seinem zweckmäßigen Gebrauch als elastisches Band in den Blick geraten. Sie erkennt die produktive Vieldeutigkeit der Dinge und nimmt das Gummiband in der spezifischen Situation in erster Linie als Gegenstand zur Veranschaulichung eines didaktischen Sachverhaltes wahr. In einem transformativen Prozess wird an einem Unbekannten etwas Bekanntes erfahren, sodass Unbekanntes zum Bekannten wird. Im Fachunterricht gilt, Unbekanntes an Bekanntes anzuknüpfen. Damit können Lehrkräfte zwischen der Lebenswelt der Schüler und der Wissenschaftlichkeit des Faches vermitteln, an lebensweltliche Erfahrungen anschließen und der Kluft zwischen beiden Wissensformen Rechnung tragen.

[39] Meyer-Drawe (1987b), S. 72
[40] Copei (1966) [1950], S. 17
[41] Schratz et al. (2012), S. 27f.
[42] Vgl. Agostini (2016b), S. 80

IV) Acht Kerngedanken lernseitigen Unterrichts

Als Metaphorik kann „lernseits“ auf keinen Begriff gebracht werden. Anhand von acht Kerngedanken und ausgehend von beispielhaften Unterrichtsvignetten, die Sie am erzählten Geschehen teilhaben lassen, wird „lernseits“ von unterschiedlichen Zugängen her erfahrbar gemacht. Den in den Vignetten verkörperten Erfahrungen des Lernens und Lehrens werden wir in Suchbewegungen immer näherkommen und auch auf das zurückkommen, was sich dem ersten und auch dem zweiten Blick verschließt und sich vielleicht erst einem dritten Blick öffnet. „Lernseits“ gründet dabei in einem Akt des persönlichen Sich-Auslieferns an das pädagogische Feld, das in den Vignetten artikuliert ist und im Lesen der Vignette zum Vorschein kommen soll. Die leibliche Anwesenheit und Präsenz ist nicht nur der Mittelpunkt, um den herum sich soziale Situationen entwickeln, sie ist ebenso die Bedingung für die Entfaltung eines bedeutsamen Lern-Lehrgeschehens. Nur wenn wir uns als Lesende in irgendeiner Weise in den Strom der Wahrnehmungen, die die lebendigen Unterrichtsszenen ausmachen, hineinbegeben, werden wir in der Lage sein, mit den lernseitigen Wirklichkeiten und Möglichkeiten in Kontakt zu treten. Lehrkräfte, die täglich im Unterricht sind, haben den Vorteil, an ihr Vorwissen anzuknüpfen und diese unterschiedlichen Möglichkeiten bewusster zu erfahren bzw. zu erspüren. Um die Ausbildung der spezifischen lernseitigen Einstellung und Haltung, aber auch um die Stiftung von Sinn wird es in den nachfolgenden Ausführungen gehen.

1. Kerngedanke: Sinn, Einstellung und Haltung

Peter, Patrick und Frau Planer

Nach einer kurzen gemeinsamen Einführung zum Thema „Zahlen darstellen“ gibt Frau Planer den Schülern den Auftrag, im Mathematikbuch eine Übung zu lösen. Sie müssen auf einem Zahlenstrahl auf einem karierten Blatt jeweils gleiche Abstände einzeichnen. Dies sind die Einheitsstrecken. „Zeichne einen Zahlenstrahl mit der Einheitsstrecke von 1 cm“, lautet der erste Arbeitsauftrag. Sofort liest sich Peter den Auftrag im Buch durch, schlägt sein Mathematikheft auf und nimmt ein Lineal zur Hand. Mit Lineal und Bleistift zieht er eine Linie und zeichnet dann mithilfe des Lineals drei gleichmäßige Abstände von 1 cm ein. Kurz hält er inne – und fährt dann fort, 1 cm lange Abstände einzuzeichnen. Auf die Frage seines Banknachbarn Patrick „Aber 7,5 mm, wie soll man das messen?“, bemerkt er lächelnd: „Mit dem Lineal!“ Peter beugt sich tief über sein Buch, seine Augen wandern zum zweiten Arbeitsauftrag, er zieht die Stirn in Falten und kneift die Augen zusammen. „Wie viele sind das? Ah, 7,5. Das wird nicht ganz genau werden“, murmelt er zweifelnd, zieht mit dem Lineal einen Strich und zeichnet freihändig gleichmäßige Abstände von 7,5 mm ein. „Ich habe nicht gemessen!“, ruft er leichthin aus. Frau Planer tritt bei ihrem Rundgang durch die Klasse an seinen Tisch und erwidert freundlich: „Das musst du auch nicht.“ „Man muss nur machen Mitte, Seite, Mitte, Seite“, fügt Peter freudig hinzu und setzt dabei wiederholt einmal den rechten Zeigefinger in die Mitte eines 5 mm großen Kästchens, beim darauffolgenden Kästchen hingegen an die rechte Seite des Kästchens. „Du hast deine Strategie schon gefunden“, stimmt die Lehrerin ihm lächelnd zu und fügt hinzu: „Du könntest aber auch immer 15 mm einzeichnen und dann einfach die Hälfte machen." Peter scheint sie nicht zu hören, er ist schon beim dritten Arbeitsauftrag: „22,5 mm, das wird wieder schwierig", flüstert er erwartungsvoll. Er zeichnet den ersten Abstand auf der etwas schief gezogenen Linie freihändig ein, blickt prüfend darauf und setzt dann wiederum wiederholt den linken Finger an die Kästchen, um weitere Abstände mit derselben Länge einzuzeichnen. Seite, Seite, Seite, Seite. Mit dem Lineal misst er nach, radiert alles aus. Dann zeichnet er mit dem Lineal abermals eine Linie, misst die ersten zwei Abstände mithilfe des Lineals ab, setzt die übrigen freihändig ein, radiert anschließend alles wieder aus und blickt starr auf sein Blatt. „Ich hab's rausbekommen!", ruft er jäh aus. Wiederum zeichnet er eine Linie sowie Abstände von 22,5 mm ein, indem er den linken Finger an die Linie setzt: Mitte, Seite, Mitte, Seite. „Das ist auch wieder ganz leicht, so zu machen", flüstert er lächelnd. Sein Banknachbar Patrick kämpft immer noch mit der Aufgabenstellung. Bei ihrer Runde durch das Klassenzimmer bleibt Frau Planer wiederum bei Peter und Patrick stehen und blickt über ihre Hinterköpfe hinweg in das Heft von Patrick: „Du musst dir ein System machen, wo es leicht ausgeht", rät die Lehrerin. „Das ist mein System", wirft Peter stolz ein.[43]

Die Vignette zeigt, dass Schüler stets mehr tun, als lediglich Aufgaben abzuarbeiten und Zeitpläne einzuhalten. Als leibliche Wesen sind sie keineswegs nur Subjekte, die einer vermeintlich objektiven Welt frontal gegenübersitzen. Vielmehr finden sie sich vor in einer Welt, in der sie handeln, die sie hören, riechen, berühren, sehen und schmecken, in der sie Erfahrungen machen, aus denen sie verändert hervorgehen. Stets nehmen sie im handelnden Umgang mit der Welt etwas *als* ein bestimmtes Etwas wahr. Dies bedeutet, dass ein Gegenstand in einer bevorzugten Art und Weise intendiert ist und damit in ihrer Wahrnehmung *als* ein ganz bestimmter Gegenstand auftritt: Abstände werden je nach Schüler *als* genau oder *als* schlampig wahrgenommen, eine Übung kann *als* einfach oder *als* schwierig erfahren werden. Die Finger kommen *als* Finger oder aber auch *als* Messinstrument zum Einsatz. Je nach Situation, nach früheren Erfahrungen oder augenblicklichen Interessen kann diese Wahrnehmung variieren. Wahrgenommener Gegenstand und persönliche Wahrnehmung davon sind dabei jedoch nicht voneinander zu trennen. Indem ein Gegenstand, eine Situation oder eine Person in einer bestimmten Art und Weise wahrgenommen wird, treten sie in der Erfahrung des Einzelnen als ganz bestimmte Gegenstände, Situationen oder Personen auf. In ihrer lebensweltlichen Einstellung sind die Schüler, ungeachtet all der verschiedenen Bereiche und Felder, auf die sie sich beziehen können, stets fraglos auf die Welt als die eine mögliche Welt bezogen. Der Abstand *ist* genau *oder* schlampig, die Übung *ist* einfach *oder* schwierig. Dass beispielsweise die Finger als Messinstrument erscheinen, meint nicht, dass sie ein Messinstrument sind, sondern dass sie zu einem Messinstrument werden, indem sie für Peter einen neuen Sinn gewinnen und sich damit überhaupt erst als Messinstrument zeigen können.

Schüler leben wie selbstverständlich in ihrer alltäglichen Erfahrungswelt. Sie tun bestimmte Dinge, ohne dass sie explizieren könnten, warum sie etwas tun. Dass sie sich auskennen,

43 Agostini (2016a), S. 222

zeigt sich daran, dass sie in der Lage sind, gewisse Situationen zu antizipieren. Im Klassenzimmer können sie sich meist „blind" orientieren, sie wissen, wo die Tür ist, öffnen gedankenlos den Schrank, um ihre Hefte aus dem Regal zu nehmen. Bereits bekannte Rechenoperationen oder Grammatikregeln führen sie ohne Zögern aus. All dies sind räumlich-praktische Orientierungen, die sie sich im Laufe ihrer Schulzeit angeeignet haben und gewohnheitsmäßig ausführen. Wechseln sie die Klasse oder lernen Neues, so stellt sich nach einiger Zeit dasselbe Phänomen ein. Im praktischen Gebrauch und im alltäglichen Umgang mit den Dingen zeigt sich eine besondere Form der Vertrautheit und Nähe. Gegenstände befinden sich in der Nähe, wenn sie „zur Hand" und damit zugänglich und alltäglichen sind. Gegenstände und Inhalte erschließen sich dabei immer in einem bestimmten handelnden Umgang und aus einer bestimmten gewohnheitsmäßigen Praxis. Das Lineal dient dazu, *um zu* messen. Der Bleistift ist da, *um zu* schreiben. Eingebettet in ein lebensweltliches Wissen muss die vorbewusste „‚Um-zu'-Struktur"[44] der Dinge zuallererst in ihrer praktischen Bedeutung gestört werden, damit Lernanlässe wahrgenommen werden können. Etwas wurde zwar aufgrund von bereits gemachten lebensweltlichen Erfahrungen antizipiert, hat jedoch die eigenen Erwartungen überraschenderweise übertroffen. Etwas zeigt sich damit in der eigenen Wahrnehmung anders als erwartet. In der Vignette erweist sich für Peter die Übung beispielsweise als komplizierter als anfangs gedacht. Er stößt mit seinem bisherigen Wissen an Grenzen, findet sich mit dem Vorgefundenen nicht mehr zurecht und muss deshalb ein neues System *er*finden. Er macht in Momenten wie diesen die eigentümliche Erfahrung, dass es in Bezug auf die Welt mehr zu erfahren gibt, als ihm jetzt schon zugänglich ist. Ein neuer Sinn nimmt seinen Ausgang, der nicht nur den Blick auf die Welt, sondern auch auf ihn selbst verändert. So nimmt er sich aufgrund dieser Erfahrung als jemanden wahr, der Neues zu erfinden in der Lage ist.

Diesem Ereignis der Entstehung von Sinn gilt in einer pädagogischen, phänomenologischen Perspektive auf Lernen alle Aufmerksamkeit.[45] Sinn ist in viele Momente schulischer Wahrnehmung verflochten. Sinn ist situationsimmanent, zeitlich und mehrdeutig und hängt vom Vorwissen der Schüler ab. Sinn entsteht an der Bruchstelle zwischen Vertrautem und Unbekanntem. Genau in diesem Zwischen ereignet sich Lernen.

Die Entstehung von Sinn im Übergang von einem *„lebensweltliche[n] Auskennen"* zu einem *„wissenschaftliche[n] Erkennen"*[46] ist innerhalb des Kontextes Schule von besonderem Interesse. Schulisches Lernen ist vor allem durch diesen Übergang charakterisiert. In der Vignette zeigt sich diese Entstehung von Sinn in der Einsicht des Schülers Peter dadurch, dass es sich bei den Abständen, die er mit dem Lineal abmisst und einzeichnet, immer um Abstände derselben Länge handelt. In der mathematischen Fachsprache werden diese als „Einheitsstrecken" bezeichnet. Ein lebensweltlich erfahrenes Etwas – in diesem Fall der immer gleichbleibende Abstand – wird durch die Überschreitung der Kluft zum reflexiv und damit wissenschaftlich gefassten Etwas, zur Einheitsstrecke, wobei die Aufgabenstellung dafür eine

[44] Heidegger (1993) [1927], S. 68
[45] Vgl. Meyer-Drawe (2010), S. 7
[46] Meyer-Drawe (1996), S. 88; Hervorhebungen im Original

begrenzte Anzahl an Möglichkeiten bietet. In dieser Überschreitung der Kluft greift Peter eine wahrgenommene Möglichkeit auf und überführt diese handelnd in die Wirklichkeit. Erst durch das Aufgreifen einer Möglichkeit und im Festsetzen dieser Möglichkeit als einer bestimmten Möglichkeit erwacht ein neuer Sinn, der durch die Art der Aufgabenstellung provoziert wird.

Der Übergang wird als eine Suche erkennbar, die vom Vorwissen ausgeht und die auf die Eindeutigkeit und Reduzierung von Unsicherheit und Komplexität abzielt. Dieser Übergang vollzieht sich keineswegs verlässlich von einem gesicherten Vorverständnis zu einem gesicherten Wissen, sondern impliziert ein Scheitern, das die Eröffnung eines neuen Wahrnehmungsfeldes überhaupt erst möglich macht. In dieser Ungewissheit und Unbestimmtheit verbirgt sich ein Freiheitsspielraum, eine Macht, Grenzen zu überschreiten. Insbesondere unklare Grenzen begünstigen Grenzüberschreitungen, sodass sich aus einem geringen Normalisierungsdruck mannigfaltige Lernchancen ergeben. Die Lehrerin, Frau Planer, überlässt ihren Schülern die Ausführung der Übung, den Weg hin zum Produkt weitgehend selbst. Ihrem Schüler Peter zeigt sie lediglich die Möglichkeiten seines Handlungsspielraumes auf. Gerade aufgrund der sich offenbarenden Kontingenz der Lösungsstrategien umfassen diese ganz unterschiedliche Möglichkeiten, um zum Ziel zu gelangen. Gerade aufgrund dieser vielen unterschiedlichen Lösungsmöglichkeiten können für einige Schüler, beispielsweise für Patrick, andererseits auch zusätzliche Hilfestellungen vonnöten werden.[47]

Jedes Ding und jeder Begriff hat einen Aufforderungscharakter und trägt eine Mehrdeutigkeit in sich, die jeder von uns anders wahrnimmt. Mehrdeutige Aufgaben im Unterricht irritieren und begünstigen die Entstehung eines neuen Sinnes. Die Schüler stellen ihr Vorwissen in Frage. Gerade dadurch eröffnet sich ihnen die Chance, Neues zu entdecken und damit zu lernen.

Eine „schülerorientierte" Aufgabenstellung differenziert zwischen leistungsstärkeren und -schwächeren Schülern. Ausgehend von meinem eigenen Vorwissen über den jeweiligen Schüler werde ich diese Aufgabe genau auf den jeweiligen Schüler zuschneiden, im Irrglauben, ihn dadurch in seinen bisherigen Erfahrungen irgendwo und irgendwie „abholen" zu können. Dabei gerät jedoch nur das in den Blick, was ich über den jeweiligen Schüler bereits weiß bzw. zu wissen glaube. In einer lernseitigen Sichtweise steht hingegen die Frage im Vordergrund, welche Erfahrungen eine bestimmte Aufgabenstellung meinen ganz unterschiedlichen Schülern ermöglichen kann, ohne zwischen „guten" und „schlechten" Schülern zu differenzieren und sie damit von vornherein als bestimmte festzuschreiben. In meinen Unterrichtsvorbereitungen stelle ich mir die Frage, wie ich mehr über die Lebenswelt meiner Schüler erfahre, um Sinnüberschüsse zu ermöglichen. Welche Irritationen stellen das Vorwissen meiner Schüler infrage? Mit welchen Inhalten und Methoden kann ich meine Schüler aus ihrer vertrauten und bekannten Komfortzone locken? Wie kann ich meinen fachspezifischen Inhalt so aufbereiten, dass für die Schüler Zusammenhänge zu ihrer Lebenswelt erfahrbar

[47] Vgl. Agostini (2016a), S. 227f.

werden? Außerdem infrage steht, welche Medien, Lernmaterialien und Aufgaben die Flucht ins korrekte Erledigen vorgefertigter Lösungen nicht beschleunigen, sondern erschweren. Mehrdeutige Aufgaben provozieren die Entstehung eines neuen Sinnes, weil sie meine Schüler unvorbereitet treffen und neue Sichtweisen auf Inhalte und Gegenstände regelrecht herausfordern.

Damit wir als Lehrende dieser Entstehung von Sinn bei den Schülern angemessen nachspüren und den Übergang von einem lebensweltlichem zu einem fachlichen Wissen angemessen unterstützen können, ist ein *Einstellungswechsel* erforderlich. Dies erfordert, dass wir als Lehrende innehalten, uns einen Moment lang neben uns stellen und jene Wahrnehmungsweise infrage stellen, in der wir von vermeintlich objektiven Gegenständen oder Tatsachen ausgehen. Alltägliche oder wissenschaftliche Weisen des Betrachtens und Handelns können sich nämlich zur Gewohnheit ausbilden und dazu führen, dass wir kritiklos alles nur mehr in einer bestimmten Art und Weise wahrnehmen. Als Folge davon müssen wir unsere Aufmerksamkeit erneut auf die zugrundeliegenden Erfahrungen lenken.

Wenn wir etwas aufgrund unserer Erfahrung *als* ein bestimmtes Etwas wahrnehmen, dann weist dieses „als" unweigerlich auf einen Bruch hin, der jeglicher Wahrnehmung immanent ist. Etwas wird immer als ein *bestimmtes* Etwas wahrgenommen und erfahren. In der Vignetten-Lektüre zum Schüler Anton wird beispielsweise deutlich, dass je nach Zugangsart („Wie") die Finger auch als Messinstrument wahrgenommen werden können. Gleiches gilt für die Vignette rund um Hannelore und Frau Hunter. So gerät ein Gummiband in seinem zweckmäßigen Gebrauch lediglich als elastisches Band in den Blick. Aufgrund seines Aufforderungscharakters kann das Gummiband in der spezifischen Schulsituation jedoch auch als Gegenstand zur Veranschaulichung eines didaktischen Sachverhaltes wahrgenommen werden. Indem wir skeptisch die Beziehung zwischen Gegenstand der Wahrnehmung und uns als Wahrnehmende reflektieren, können wir einen Gegenstand in seinen unterschiedlichen Gegebenheiten wahrnehmen. Als Lehrperson wird es uns durch diesen Einstellungswechsel einerseits möglich, Unterricht in seinen unterschiedlichsten Verweisungskontexten zu erfahren. Damit einhergehend eröffnet sich andererseits eine Vielzahl an Handlungsmöglichkeiten, um im Unterricht die lebensweltlichen Wahrnehmungen und Erfahrungen der Schüler aufzugreifen. Dies erfordert keinen Mehraufwand für uns. Im Gegenteil geht es darum, einmal aus dem alltäglichen Aktionismus mit all seinen gewohnheitsmäßigen Verhaltensweisen und Handlungsmustern herauszutreten und Raum zu lassen für die Entfaltung von Kreativität in den Suchbewegungen des Lernens. Dieser lernseitige Blick auf Sinn und der damit verbundene Einstellungswechsel können als Haltung gelernt werden.

FORUM: Sinn, Einstellung und Haltung

ULRIKE BERGSTEDT	28.06.2017	18:24 UHR

Mit Offenheit und mentaler Beweglichkeit als Kennzeichen einer selbstbewussten professionellen Haltung wird eigenständig nach Möglichkeiten gesucht, die Ressourcen der Kinder und Jugendlichen besser zu erkennen und zu fördern und sich weniger von Problemen beeinflussen zu lassen. Dazu braucht es Empathie und eine hohe Reflexionsfähigkeit, aber auch die Kunst der Wahrnehmung. Diese setzt eine bewusste Trennung von Vorgangsbeschreibung und Deutung voraus, die sich im Alltag allzu schnell vermischen und den Blick auf die Dinge – oftmals unbewusst und defizitorientiert – prägen. Die eigene Wahrnehmung und Beobachtungsfähigkeit können gezielt geschult werden – ebenso aber auch, dass die Interpretation von Vorgängen zu einem bewusst gemachten zweiten Schritt wird.

FREDERIK STOLLER	02.07.2017	17:49 UHR

Daher spielt die Zurückhaltung des eigenen Urteils in der Vignettenarbeit eine große Rolle: Wir bleiben beim Verfassen der Vignetten so nahe wie möglich an dem, was wir mit den Schülern selbst erfahren haben. Das ist uns zunächst sehr schwergefallen, da wir bereits in der Wahrnehmung einer Situation zu selektieren und deuten beginnen. Hier hat uns der phänomenologische Zugang über die Frage „Was zeigt sich?" sehr geholfen, welche die Aufmerksamkeit auf das Phänomen – das steht im Altgriechischen für ein Sich-Zeigendes – lenkt und nicht auf dessen Deutung wie etwa „Der hat das schon wieder nicht gekonnt!", „Von ihm hätte ich mir mehr erwartet!", „Kein Wunder, bei dem Familienhintergrund!" Gezeigt hatte sich als Auslöser für die genannten Zuschreibungen in der Situation „Er hat stockend einzelne Wörter herausgebracht". Das Innehalten bzw. Zurückhalten der eigenen Meinung eröffnet neue Möglichkeitsräume, um das, was sich zeigt, „mit frischem Blick" zu sehen, wie Claus Otto Scharmer es mit Blick auf die entstehende Zukunft bezeichnet. Für ihn heißt „von einer zukünftigen Möglichkeit her handeln von einer authentischen Präsenz des Augenblicks her handeln – aus dem Jetzt".[48] Für die Selbstwirksamkeit in der entstehenden Zukunft ist die Lenkung der Aufmerksamkeit in seinem Ansatz zentral, da sie mitbestimmt, wie und in welche Richtung sich die jeweilige Situation entfaltet.

[48] Scharmer (2009), S. 74

DANIELA PEETZ 03.07.2017 11:36 UHR

Im lernseitigen Unterricht sind also nicht nur die Schüler Lernende, sondern an sehr prominenter Stelle auch die Lehrkräfte. Damit es bei ihnen zu einer nachhaltigen Erfahrung und Veränderung im täglichen Unterrichtshandeln kommt, bedarf es dieses Innehaltens. Dazu können die Vignetten eine wichtige Unterstützung bieten, da sie einen anderen (lernseitigen) Blick auf die Erfahrungen im Unterricht ermöglichen. Kollegiale Hospitationen schaffen die Möglichkeit, diese Erfahrung noch intensiver zu gestalten, indem andere Sichtweisen ins Spiel kommen. Damit kann an der Schule auch eine Kultur des Redens über Unterricht entstehen. Das lässt sich bereits über die Bearbeitung einer Vignette aus diesem Buch machen. Wichtig ist dabei aber: Konsequent die Lernseitigkeit im Auge behalten!

ULRIKE BERGSTEDT 05.07.2017 22:06 UHR

Richtig. Das konsequente lernseitige Arbeiten von Lehrkräften verfestigt sich bei den Schülern zu einem Habitus.[49] *Dieser beruht auf dem Gefühl: Ich bin ein gleichberechtigter Partner in meinem Bildungsprozess und ich habe Fähigkeiten, die geschätzt werden. Dies führt letztendlich zu Selbstwirksamkeitsüberzeugungen und Selbstwirksamkeitserwartungen, die wiederum das Lernen positiv beeinflussen: Ich kann etwas leisten und dieses Leisten macht Sinn. Dies führt im Idealfall auch zu einer größeren Frustrationstoleranz, denn Lernen ist nicht immer gleich sinnhaft, sondern ist auch mit Frustration und Scheitern verbunden. Wenn Schüler merken, dass sie immer wieder die Möglichkeit haben, Fehler machen zu dürfen, dann akzeptieren sie leichter ihre eigenen Fehler und entwickeln eher Frustrationstoleranz. Sie erkennen so auch Misslingen als Chance, Neues hinzuzulernen, und die Tatsache, dass die Lehrkräfte dies zulassen, unterstützt die Lust am Lernen.*

Haltung ist nicht lehrbar, da sie sich nicht auf reines Wissen beschränkt. Da Haltung mehr ist, stößt die Lehrbarkeit an ihre Grenzen. Eine Haltung entsteht nach Aristoteles aus der Erfahrung und bildet sich durch Wiederholung aus. Indem eine Haltung als gewohnheitsmäßige Praxis ausgebildet wird, werden Lehrkräfte befähigt, auf typische Weise zu handeln oder zu urteilen.[50] Lernseitigkeit kann als Haltung durch wiederholte Lernerfahrungen und damit als Gewohnheit ausbildet werden. Die Auseinandersetzung mit Vignetten ist dabei eine gute Möglichkeit, solche Lernerfahrungen zu machen, ohne jedes Mal selbst Feldforschung betreiben zu müssen. Sie helfen uns Lehrenden gerade zu Beginn, den Blick gezielt auf irritierende Erfahrungen zu lenken, die Anknüpfungspunkte für eine neue, responsive Art des Lehrens bieten. Je mehr Übung wir in dieser Art der Wahrnehmung haben, desto leichter wird es uns fallen, in der praktischen Arbeit solche Lernerfahrungen zuzulassen und proaktiv mit ihnen umzugehen, bis uns diese neue Wahrnehmung und die daraus resultierende Haltung schließlich zur Gewohnheit werden.

49 (siehe dazu auch die Erklärung auf Seite 45/Kasten „Der schulische Habitus. Oder: Die List der pädagogischen Vernunft")

50 Vgl. Aristoteles (1999), S. 1103a–1103b

2. Kerngedanke: Professionsethik und Professionsbewusstsein

Pako, Frau Prinoth

Schnellen Schrittes betritt Frau Prinoth das Klassenzimmer. „Please, take your workbook out!"[51], ordnet sie an die Klasse gewandt an. Die Schüler ziehen ihre Übungshefte aus ihrem Ablagefach unter dem Tisch oder der Schultasche hervor. Mit gebeugtem Rücken und gesenktem Kopf zieht Frau Prinoth ihre Runde durch die Klasse und wirft einen schnellen Blick in die geöffneten Hefte. Am Tisch von Pako angelangt, richtet sie sich kerzengerade auf: „Nicht schon wieder!", seufzt sie laut. Auf dem Tisch von Pako liegt kein Heft. Ratlos löst Pako die Augen von seiner Schulbank und sieht Frau Prinoth an. „You are at two point five. Next time it's a five!"[52], stößt sie mit schriller Stimme aus. An die Klasse gewandt erklärt sie: „We correct it very quickly, so we start now with number ten."[53] Einige Arme schnellen in die Höhe. Frau Prinoth ruft unterschiedliche Schüler auf, und diese lesen abwechselnd Sätze des Lückentextes vor. Pako nicht. Er sitzt zusammengesunken auf seinem Stuhl, hat die langen Beine angezogen und die Hände unter der Schulbank versteckt. „Pako, you can do it, even if you don't have the homework"[54], hallt es durch die Klasse. Pako schreckt auf und versucht, einen Blick in das Heft seines Mitschülers zu erhaschen. Eilig nimmt er sein Workbook aus der Schultasche und löst stockend eine Übung. Nach der Verbesserung der Hausaufgaben gibt Frau Prinoth noch einige Hinweise für die bevorstehende Klassenarbeit: „Damit sich die schwachen Schüler etwas besser vorbereiten können", betont sie mit einem Seitenblick zu Pako. Pakos Augen kleben an seinem Tisch. Er rührt sich nicht. Erst als die Lehrerin Anweisungen für eine Übungsaufgabe gibt, die in der Klasse gelöst werden soll, nimmt auch er ein weißes Blatt aus seiner Mappe, legt es vor sich auf den Tisch und überträgt eine Übung aus dem Buch auf sein Blatt. Eine weitere Runde in der Klasse drehend wirft Frau Prinoth von hinten einen Blick auf Pakos Blatt. Erneut stößt sie einen tiefen Seufzer aus: „Nicht bei jedem Satz eine neue Zeile nehmen, ansonsten gibt's eine Einkaufsliste!", ruft sie genervt aus. Nach einer kurzen Pause fügt sie hinzu: „Ist das für alle klar?"[55]

Auf den ersten Blick hat der eine oder die andere sicherlich Verständnis für die Reaktion der Lehrerin in diesem Beispiel. Frau Prinoth schimpft mit Pako, weil er zum wiederholten Mal nicht die Hausaufgaben gemacht hat. In der Folge reagiert sie auf alle Handlungen von Pako in einer ablehnenden Art und Weise. Frau Prinoth bleibt leider in dieser Unterrichtssituation ausschließlich in der „Erstreaktion". In einer professionellen, lernseitigen Haltung auf das Geschehen würde sie sich selbst ermahnen, dass es unprofessionell ist zu denken, das sei „typisch Pako". Sie würde zurückgehen auf ihre professionelle Grundhaltung der Wertschätzung gegenüber den Eigenheiten ihrer Schüler und den Sachfehler gemeinsam mit Pako beheben.

[51] „Bitte nehmt euer Arbeitsheft heraus."

[52] „Du bist bei zwei Komma fünf Punkten. Das nächste Mal ist das eine Fünf!"

[53] „Wir verbessern es sehr schnell und beginnen jetzt mit Nummer zehn."

[54] „Pako, du kannst das auch, auch wenn du die Hausaufgabe nicht gemacht hast!"

[55] Baur & Peterlini (2016), S. 125f.

Für das Einüben einer lernseitigen Haltung ist der erste Schritt, dass wir als Lehrende immer wieder innehalten und uns bewusstwerden, wie wir etwas oder jemanden wahrnehmen und bewerten. In der Folge geht es dann vor allem um einen Einstellungswechsel gegenüber unserer eigenen Wahrnehmung und Wertung. Die Vignette ist ein wirksames Instrument, diesen generellen Einstellungswechsel zu initiieren und einzuüben, denn wir lesen sie aus dem Innehalten heraus und sind schon quasi im Reflexionsmodus. Das ermöglicht uns, in der Identifikation oder auch Abgrenzung zum dort skizzierten Lehrerverhalten das eigene Verhalten zu überdenken und, wo es uns nötig erscheint, zu verändern.
In der hier vorgestellten Vignette dominiert die Perspektive der Lehrerin und wird dadurch nachvollziehbar. In den Augen von Frau Prinoth gerät der Schüler Pako lediglich als jemand in den Blick, der seine Hausaufgaben nicht erledigt, im Unterricht nicht mitarbeitet, die Englischübung nicht flüssig löst und das Heft nicht richtig führt. Alle Maßnahmen wie Punkteabzüge, die beim Vergessen der Englischhausaufgabe drohen und zu einer negativen Note führen, scheinen bisher nicht in die von Frau Prinoth gewünschte Richtung geführt zu haben. Ihre Zuschreibungen wie „Pako ist ein fauler Schüler" oder „ein schwacher Schüler", der für dieses Schwachsein selbst die Verantwortung trägt, führen dazu, dass sie ihm nicht mehr vorurteilsfrei begegnen kann. Zuschreibungen helfen einerseits, den Strom der Wahrnehmungen zu ordnen und überhaupt etwas zu verstehen. Andererseits bergen sie Gefahren, denn sie verfestigen sich gern und lassen den anderen dann stets in einer bestimmten Art und Weise erscheinen. Als Folge davon wird die Fremdheit des anderen allzu schnell übergangen. Wir meinen ihn genau zu kennen. In Wirklichkeit verkennen wir ihn aber, denn die Komplexität seiner Persönlichkeit, seiner Lebensumstände, seines Zur-Welt-Seins bleibt uns in der Regel verborgen. Das gilt auch für unsere Schüler. Unsere Zuschreibungen stützen sich auf kontextualisierte Interaktionen in der Schule, in denen wir uns – der eigenen Sicherheit im Denken und Handeln wegen – sehr schnell, oft zu schnell, ein Bild machen, von dem wir glauben, dass es den Charakter unseres Gegenübers widerspiegelt. Jede weitere Interaktion vollzieht sich nun auf der Folie unseres Bildes, also auch unserer Zuschreibung. Dabei streben wir – wiederum zugunsten der Sicherheit im Denken und Handeln – erst einmal danach, dass dieses Bild nicht erschüttert wird, und versuchen alle weiteren Handlungen und Eigenschaften passend zu interpretieren.

Momente der Irritation, in denen sich Dinge ereignen, die das Bild verstören, sind uns in der Regel lästig, weil sie uns etwas von unserer Selbstsicherheit nehmen. Wir erleben einen Moment der Hilflosigkeit, der buchstäblichen Handlungsunfähigkeit, weil wir gezwungen werden, innezuhalten und unser zumeist vorbewusstes Kategoriensystem und unsere Wahrnehmungsschemata aufzubrechen, umzubauen, zu erweitern. Das hindert uns daran, spontan und zielsicher zu reagieren. Aus diesem Grunde stellt die Fremdheit des Kindes bzw. Jugendlichen im Übrigen immer schon ein zentrales und aktuelles Problem für pädagogisches Denken und Handeln dar.

Genau diese Momente der Irritation sind es aber, die unserem Gegenüber potentiell die Chance einräumen, in einem anderen Lichte, *als* jemand anders zu erscheinen und damit neue Zuschreibungen zu erhalten, die ihn in die Lage versetzen, Facetten von sich selbst zu zeigen, die er – aus einem gesunden Misstrauen heraus – zuvor verborgen gehalten hat. Aber sie bieten uns Lehrenden genau die gleiche Chance, denn auch wir unterliegen den Zuschreibungen unserer Schüler, die uns als „streng", „ungerecht", „despotisch", „gefühlskalt", „unfähig" oder auch als „sympathisch", „gerecht", „einfühlsam" deklarieren. Diese Zuschreibungen verfestigen sich in ähnlicher Weise wie bei uns selbst und sind oft noch schwieriger aufzubrechen, weil uns als Einzelnen eine Gruppe entgegensteht, die diese Festlegungen in den Zuschreibungen oft teilt. Auch unsere Schüler erleben also Momente der Irritation, wenn wir unsere gewohnheitsmäßigen Verhaltensmuster durchbrechen und ihnen plötzlich neu und unerwartet begegnen. Das ermöglicht auch uns selbst, andere Facetten zu zeigen und in unserer Persönlichkeit wahrgenommen zu werden. Genau diese Momente der Irritation sind daher so wertvoll, sie sind der Grundstein für Veränderungen. In unserem Denken und Handeln, in unseren Beziehungen zu unseren Schülern und zu uns selbst. Deshalb ist dieses Buch ein Plädoyer dafür, diese Momente nicht nur zuzulassen, sondern sie regelrecht zu suchen und sich ihnen zu öffnen in der freudigen Erwartung, dass der Gestaltungsspielraum von Denken, Handeln und Fühlen für alle Beteiligten sich weitet und zu mehr Freiheit führt.

Wie würde Frau Prinoth in der kleinen Episode reagiert haben, wenn sie in einer lernseitigen Haltung geübt wäre? Sie hätte ihre bisherigen Werturteile infrage gestellt und versucht, Pako einmal mit anderen Augen zu sehen, so als kennte sie ihn noch nicht. Sie hätte vielleicht hinter der trotzigen Reaktion auch einen Anflug von Traurigkeit oder Verzweiflung entdeckt. Allein dieser veränderte Blick hätte den Raum für eine „neue" Begegnung der beiden öffnen können. Wenn wir meinen, unsere Schüler wirklich zu kennen, dann sollten wir uns selbst gegenüber misstrauisch werden. Sie sind uns meist viel fremder, als wir uns einzureden versuchen. Diese Fremdheit und Andersheit gilt es tagtäglich aufs Neue wahrzunehmen, um sie vor allzu schnellen Zu- und Festschreibungen wie „gute Schülerin" oder „schlechter Schüler" zu schützen.

Schüler brauchen sich nicht zu erklären, sie müssen ihre Vorlieben, ihre Stärken und Schwächen nicht lautstark kundtun. In ihren konkreten Handlungen und Sprechakten offenbaren sie jeweils, wer sie sind – und wer sie sein möchten. Die politische Philosophin Hannah Arendt beschreibt dies folgendermaßen:

„Handelnd und sprechend offenbaren die Menschen jeweils, wer sie sind, zeigen aktiv die personale Einzigartigkeit ihres Wesens, treten gleichsam auf die Bühne der Welt, auf der sie vorher so nicht sichtbar waren, solange nämlich, als ohne ihr eigenes Zutun nur die einmalige Gestalt ihres Körpers und der nicht weniger einmalige Klang der Stimme in Erscheinung traten. Im Unterschied zu dem, was einer ist, im Unterschied zu den Eigenschaften, Gaben, Talenten, Defekten, die wir besitzen und daher soweit zum mindesten in der Hand und unter Kontrolle haben, daß es uns freisteht, sie zu zeigen oder zu verbergen, ist das eigentlich personale Wer jemand jeweilig ist, unserer Kontrolle darum entzogen, weil es sich unwillkürlich in allem mitoffenbart, das wir sagen oder tun."[56]

[56] Arendt (1981) [1960], S. 169

Mit dieser menschlichen Eigenschaft, in jeder Handlung, mit jedem Wort, aber auch in jedem Gesichtsausdruck oder Blick etwas von sich selbst preiszugeben, sind sowohl Chancen als auch Gefahren verbunden. Die Gefahr besteht darin, dass Lehrkräfte wie Frau Prinoth ihre Schüler vorschnell als bestimmte Personen festschreiben und ihnen in der Folge gewisse Eigenschaften zuschreiben. In der Vignette rund um Pako wird keine neue Sichtweise auf den Schüler eröffnet. Frau Prinoth gelingt es nicht, innezuhalten und eine lernseitige Haltung einzunehmen. Damit eröffnet sich für Frau Prinoth gar nicht erst die Möglichkeit zur Wahrnehmung seiner (und ihrer) Fremdheit und Andersheit. In den Augen der Lehrerin als „schwacher Schüler" gefangen, eröffnet sich kein Zwischenraum, in welchem Frau Prinoth und Pako in einem gemeinsamen Verständnisvollzug über etwas sprechen und in welchem Pako zugleich auch darüber Aufschluss geben kann, wer er, der Sprechende ist – oder zukünftig sein kann.[57]

Die Debatte um das berufliche Ethos weist Lehrkräften ein hohes Maß an Mitverantwortung für das Wohl von Kindern und Jugendlichen sowie für deren Zukunft zu. Der Lehrberuf als Profession impliziert ein spezielles Berufsethos, das in ethischen Verhaltensrichtlinien kodifiziert ist und somit anhand von spezifischen Werten und Haltungen als Maßstab für professionelles Handeln angelegt wird. Die Diskussionen um ein berufliches Ethos geben eine Reihe von Hinweisen, was der Inhalt einer solchen Konvention sein könnte, aber auch wo die Gefahren liegen. Grundlage der Reflexionen beruflichen Handelns sollte immer die Würde eines jeden Menschen als Menschenrecht sein. Bis heute fehlt es an der Explikation der daraus folgenden Normen, wie es analog mit dem Hippokratischen Eid von Ärzten gelingt.[58] Der Schutz jedes Kindes, sein Recht auf Leben und Bildung ist durch die UN-Kinderrechtskonvention (Konvention über die Rechte des Kindes) garantiert. 193 Staaten haben die Konvention bisher ratifiziert, darunter auch Deutschland. Zurzeit gibt es die Überlegung, die Kinderrechte ins deutsche Grundgesetz aufzunehmen.

[57] Vgl. Agostini (2016c), S. 128f.
[58] Vgl. Schwer et al. (2014), S. 71

Professionsethik artikuliert sich in dieser Hinsicht als ein gezieltes Hinschauen, Hinhören und Hinspüren auf das, was in schulischen Kontexten als Irrationales oder Unwichtiges oft ausgeblendet wird. Als ein Beispiel kann die leibliche Artikulation genannt werden, die in der Schule vielfach übergangen wird. In den leiblichen Ausdrücken von Schülern geben sie aber gerade Aufschluss über sich selbst als Person. Wir Lehrende sind gefordert, diese Informationen aufzunehmen und darauf zu antworten. Pako artikuliert sich in vielerlei Hinsicht leiblich. Durch seinen zusammengesunkenen Körper, den gesenkten Blick, die unter der Schulbank versteckten Hände, die stockenden Lösungsversuche gibt der Schüler preis, wie er die schulische Situation erfährt. Wenn Frau Prinoth seine Artikulationen bewusst wahrnehmen kann und nicht länger ausblendet, weil sie nicht in ihr Bild von Pako passen, dann entwickelt sie eine lernseitige Professionalität, die sich darin ausdrückt, dass sie das Wagnis eingeht, im Handeln angemessene Antworten auf Erfahrungen wie diese zu finden. Ein Wagnis deshalb, weil sie ihre Sicherheit, die sie zum einen durch ihren Status und durch das schulische Ordnungssystem und zum anderen durch ihr eigenes Werte- und Normensystem mit all den Festlegungen, wie wer zu sein hat, erworben hat, einen Moment lang aufgeben muss, um sich auf diese fremden Erfahrungen einzulassen.

Stephanie Mian: Sich-Einlassen auf die Schüler

Was die Beschäftigung mit der phänomenologischen Erziehungswissenschaft und das Arbeiten mit Vignetten, das Schreiben und Lesen von Lektüren, diese lernseitige Orientierung in meiner pädagogischen Praxis verändert hat? Mein Wahrnehmen, mein Empfinden, mein Lehren – kurzum meine Art, eine Unterrichtsstunde, meine Schüler sowie ihre Gedanken und nicht zuletzt mich selbst zu erfahren.

Es sind im Klassenraum viele verschiedene Welten, die aufeinandertreffen, doch kann sich diese Berührung, dieser Kontakt auf unterschiedliche Art und Weise vollziehen: Es kann sich um einen Aufprall, ein Aufeinanderstoßen, ein Vor-den-Kopf-Stoßen handeln oder um eine Berührung, die etwas auslöst, die den Zusammenstoß nicht in eine starre Bewegungslosigkeit oder gar verhärtete Grenzen verwandelt. Es kann sich um einen Zusammenstoß, eine Berührung handeln, die den Zusammenstoß in eine Bewegung auf die jeweils gegenüberliegende umwandelt, indem sie aufgenommen und fortgesetzt wird – einen Anstoß, der in Bewegung setzt. Grenzen, die eigentlich erst durch diese Berührung entstanden sind, werden dabei unabhängig von der Art dieses Kontakts verwandelt – verhärtet, eingerissen, erweitert. In jedem Fall handelt es bei diesem Aufeinandertreffen der Welten um eine Berührung: etwas rührt an mir und meinem Gegenüber, zieht mich und mein Gegenüber in Mitleidenschaft. Ge- und betroffen bin dabei nicht nur ich, sondern auch der- oder diejenige, die an diesem Grenzgeschehen teilhat. An diesem responsiven Lehr-Lerngeschehen, in welchem ich als Lehrperson mit meinen Schülern verflochten bin, an der Berührung dieser Welten und der Art, wie sie sich berühren, haben die Schüler *und* die Lehrperson teil. *Wie* ich mich als Lehrende auf meine Schüler einlasse, ob ich ihre Gedanken zulasse und mich von ihnen auf Umwege führen lasse, hängt auch von mir ab. Es kann einen Gewinn bedeuten: das Entdecken neuer Wege, neuer Sichtweisen, die ich vielleicht vergessen und hinter mir gelassen habe; eine andere Beziehung zum Lernenden oder zur

Lernenden, die aufnimmt, wie sie und ihre Gedanken wahrgenommen werden; die Beziehung, welche eine andere Qualität gewinnen kann. Aussagen wie die eines Schülers im Religionsunterricht, der Apostel Judas habe sich selbst ausgeschlossen, versteht man erst, wenn man der Aussage und dem Kind Zeit und damit Wert schenkt, wenn man für seine Gedanken empfänglich ist, sich die Zeit *nimmt* und ihm und seinen Gedanken Raum gibt. Es als jemanden, der etwas zu sagen hat, ernst zu nehmen und sich als jemanden zu erkennen, der selbst einen neuen Sinn gewinnen kann, könnte der Floskel „das Kind dort abzuholen, wo es ist" einen anderen Sinn verleihen.

Die damit verbundene Achtsamkeit, die immer Wertschätzung bedeutet, machte *mir* klar, wie scheinbar festgesetzte, klar definierte, einleuchtende Dinge und Sachverhalte *noch* gesehen werden können und dass ich ihnen einen neuen, anderen Sinn abgewinnen könnte. Diese Achtsamkeit, die immer Aufmerksamkeit bedeutet, machte mich empfänglich für nonverbale, präreflexive, leibliche Äußerungen – Gestik, Mimik, Körperhaltung, das Seufzen und Flüstern sowie Blicke der Schüler. Diese Achtsamkeit, die immer ein Sich-Einlassen auf etwas oder jemanden bedeutet, brachte mich dazu, mich auf eine andere Art auf meine Schüler, aber auch auf mich als Lehrende, die nicht mehr weiß, wie es ist, eben jener Schüler zu sein, einzulassen. Einlassen ist nicht erzwingbar, es schleicht sich ein und überkommt, geschieht einfach und macht sich erst im Nachhinein, in der Reflexion, bemerkbar. Ich begann mich auf sie als Wahrnehmungssubjekte mit eigenen Gedanken, Wünschen, Ängsten und Hoffnungen, als Personen, die meine pädagogische Praxis mitkonstituieren, einzulassen und sie als ernst zu nehmende, ihre Sichtweise zu schätzende Personen zu begreifen – weil es einen Gewinn für das Lern- und Lehrgeschehen, den Schüler, mich und das Beziehungsgeflecht bedeutet.

Ein Beispiel: Wie gestern sehe ich Matthias und mich vor mir, in einer siebten Klasse während des Deutschunterrichts. Ich erinnere mich nicht mehr daran, um welche Unterrichtsstunde es sich handelte, jedoch weiß ich noch, dass ich sehr müde und entnervt war. Die Schüler, meine Kollegin und ich waren gerade dabei, eine Übung zu korrigieren, als ich bemerkte, dass Matthias sich mit einem anderen Blatt als seinem ausgefüllten Übungsblatt beschäftigte. Ohne meine Kollegin und die anderen Kinder zu stören, trat ich zu ihm und fragte, was das sei. Es hatte sich um irgendein Blatt für ein anderes Unterrichtsfach gehandelt, an welches ich mich nicht mehr erinnere. Sehr wohl kann ich mich jedoch daran erinnern, wie er meinte, dass er es eh nicht mehr brauche. Während meine Kollegin mit den anderen Schülern in der Korrektur versunken waren, fixierte ich ihn mit meinem Blick und fragte: „Du brauchst es eh nicht? Also kann ich es dir auch abnehmen?" Matthias erwiderte daraufhin, dass ich damit tun könne, was ich wolle. Ich weiß nicht, was mich geritten hat, doch fiel diese Aussage auf fruchtbaren Boden. Ich nahm das Blatt und sagte um Ruhe bemüht: „Okay, dann kann ich es auch wegwerfen". Auf dem Weg zum Mülleimer zerknüllte ich das Blatt, bevor ich es in den Mülleimer warf.

Ich konnte Matthias' Reaktion nicht sehen, doch während dieses Vorgangs war es mir, als ob ich kopfschüttelnd neben mir stünde und mir zuraunte: „Was machst du denn da?" Ich selbst habe vor allem noch das Zerknüllen des Blattes in Erinnerung, welches mir gewaltsam, willkürlich und „falsch" vorkam. Doch konnte ich nicht zurück. Ich glaube nicht, dass

viele Schüler die Situation mitverfolgt hatten, im Nachhinein hoffte ich, so wenige wie möglich. Ich schämte mich. Der Vorfall dieser Unterrichtsstunde ließ mich nicht mehr los, er verfolgte mich den restlichen Tag und die Nacht, bis ich mir eingestehen musste, dass ich nicht unfehlbar bin. Während der nächsten Deutschstunde ging ich zu Matthias, entschuldigte mich für mein Verhalten und erzählte ihm, dass ich müde, entnervt und gereizt gewesen sei, womit sich meine Handlung zwar nicht entschuldigen ließe, doch vielleicht nachvollziehbar mache. Außerdem fragte ich ihn, ob ich ihm das Blatt von einem Mitschüler kopieren könnte. Dieses Mal konnte ich seine Antwort wahrnehmen: Mir schien, als ob er mich verblüfft anschauen würde, und ich hatte das Gefühl, dass er meine Entschuldigung schätzte, auch wenn er stammelnd meinte, dass er das Blatt wirklich nicht mehr brauchen würde. Ob Matthias dieses Ereignis bereits vergessen hatte oder ob es ihn auf irgendeine Weise in Mitleidenschaft gezogen hatte, vermag ich nicht zu beurteilen. Doch mit mir hatte es etwas gemacht.
Diese Erfahrung war nur eine, die mich geprägt hat und zu welcher es wahrscheinlich nicht gekommen wäre, wenn ich mich nicht auf die Suche nach einer anderen Erklärung als die mir bekannten gemacht hätte, um mich dem Lernvollzug auf die Spur zu begeben und andere Dinge in den Blick zu bekommen. Ich glaube für mich festhalten zu können, dass ich durch die Beschäftigung mit der Theorie eine Offenheit oder mehr noch Empfänglichkeit dafür entwickelt habe, was eine Äußerung, eine Geste und Worte noch bedeuten können. Ich habe gelernt, mich auf die Suche nach diesem anderen Sinn zu begeben und mich damit auf meine Schüler auf eine andere Art einzulassen. Das angeführte Beispiel, das ich um zahlreiche andere ergänzen könnte, klingt vielleicht banal. Doch ist es dieser kleine Unterschied, den meine Schüler würdigen und der sie aufhorchen lässt, wenn ich einmal nur einen „Guten Morgen" und keinen „Schönen oder wunderschönen guten Morgen" wünsche. Es ist meine veränderte Art des Mich-Einlassens auf sie und ihre Lebenswelt, die sie mit ihrem Sich-Einlassen beantworten.

(Stephanie Mian ist Lehrerin für Deutsch, Geschichte und Philosophie an einem Gymnasium in Bozen, Lehrbeauftragte an der Fakultät für Bildungswissenschaften der Freien Universität Bozen)

Bei Auseinandersetzungen über die Leistung von Schulsystemen wird – nicht zuletzt nach der Veröffentlichung der Ergebnisse von externen Assessments – immer wieder die Lehrerbildung zur Verantwortung gezogen. Die unterschiedlichen Positionen um die Professionalisierung von Lehrkräften stimmen dahingehend überein, dass der Weg zur Professionalität als langwieriger Lernprozess hin zu zunehmender Handlungssicherheit angesehen werden muss. Erst die so genannten Experten des Lehrens sind in der Lage, schnell und angemessen auf eine Vielfalt unterschiedlicher, aber auch schwieriger Unterrichtsereignisse zu reagieren und diese im Normalfall flüssig und quasi-automatisch zu lösen. An die Stelle aufwendigen, reflexiven Problemlösens und des Treffens planvoller Entscheidungen tritt in kritischen Handlungssituationen das sofortige Erkennen bzw. Sehen der „passenden" Struktur. Diese wird von den Experten sofort als die einzig mögliche begriffen, sodass theoretische Erkenntnisse mühelos in praxisrelevante Problemlösungsstrategien umgesetzt werden können. Professionelle Lehrer wissen, was zu tun ist, und handeln scheinbar anstrengungsfrei so, dass es meistens einfach „funktioniert". Die Frage, welche Gefahren andererseits mit einer starren und allzu technizistischen beruflichen Handlungsroutine verbunden sein können, fällt nicht selten aus der Ordnung der Diskurse, weshalb es eines Perspektivenwechsels bedarf.

In einer lernseitigen Perspektive besteht Professionsbewusstsein gerade darin, immer wieder bewusst von beruflichen Routinen Abstand zu nehmen. Dabei ist es gerade die Wahrnehmung der leiblichen Betroffenheit der Schüler, die gegen die „Macht der Gewohnheit"[59] ein kritisches Bewusstsein ins Spiel bringt. Dabei ändert sich nicht nur das Wissen der Lehrkräfte um bestimmte Zusammenhänge, sondern es zeigen sich auch Handlungsspielräume, die in ihrer eigenen gewohnheitsmäßigen Praxis bisher unentdeckt geblieben sind. Als Experten des lernseitigen Blicks sind Lehrkräfte in der Folge in der Lage, eine Mannigfaltigkeit an weiterführenden Lernmöglichkeiten für ihre Schüler wahrzunehmen. Dabei werden gewohnte Darstellungs- und Bedeutungszusammenhänge auf beiden Seiten aufgelöst. Fühlen sich die Schüler bewusst in ihren Stärken, Schwächen und Nöten wahrgenommen, so entwickeln auch sie eine veränderte Haltung zur Lehrkraft, aber auch zum eigenen Lernen.

FORUM: „Professionsethik und Professionsbewusstsein"

DANIELA PEETZ	06.07.2017	10:55 UHR

Professionsbewusstsein wächst doch erst mit zunehmender Erfahrung. Würde es den Schulalltag für junge Kollegen nicht geradezu unkalkulierbar machen, die Bedürfnisse der einzelnen Schüler zum Tragen kommen zu lassen? Mit Erfahrung kann ich daraufhin auch meinen Unterricht spontan umstrukturieren und beispielsweise die Lebenswelt eines bestimmten Schülers mit einbeziehen. Was aber geschieht in dem Prozess mit den Mitschülern, die ja eine andere oder vielleicht sogar ganz andere Lebenswelt erleben? Müssen sie sich jetzt dem einen Schüler im Lernprozess angleichen? Oder habe ich als Lehrkraft für jeden möglichen Lebensweltbezug etwas „im Köcher"? Und wie soll ich eine solche spontane Personalisierung des Unterrichts dann für alle umsetzen?

FREDERIK STOLLER	07.07.2017	18:14 UHR

Jeder Mensch braucht Erfahrungen, die ihm Sicherheit geben, gezielt nächste Schritte zu setzen. Daher benötigen Lehrkräfte eine solide berufliche Basis, also Fachwissen, aber auch fachdidaktisches sowie pädagogisches Wissen, um den heterogenen Voraussetzungen der Schüler mit diesem professionsethischen Anspruch zu begegnen. Eine Begegnung ist allerdings mehr als die Umsetzung einer Unterrichtsplanung. Keine Planung wäre unverantwortlich, da Unterricht dann zur Willkür verkäme und die Lehrkraft zum Spielball der Situation würde. Sie ist aber nicht der Ball, sondern am Ball und bestimmt das Geschehen in hohem Maße mit – aber nicht

[59] Meyer-Drawe (2012a), S. 10

allein. Sie wird in das lernseitige Geschehen verwickelt und muss dort zeigen, was sie ist und was sie kann. Dazu gehört einmal das Sich-Einlassen auf das Hier und Jetzt, d. h. die „Wahrheit der Situation“[60] bzw. die aus der in der jeweiligen Situation erforderliche Stimmigkeit. Letztere erfordert die doppelte Entsprechung zwischen den handelnden Akteuren und „dem Gehalt der Situation (in ihrem systemischen Kontext)“[61]. Käte Meyer-Drawe formuliert es sehr anschaulich: „Als Lehrende bereiten wir einen Boden, auf dem wir den Lernenden, sie uns und sie sich untereinander begegnen können“[62], um mit der Welt, d. h. den jeweiligen Lerngegenständen, in Beziehung treten zu können. Der Anspruch an die Lehrkraft zeigt sich vor allem dort, wo sie unter Umständen selbst die Antwort nicht weiß. Professionsethik bedeutet hierbei, dieses Nicht-Wissen nicht zu kaschieren, sondern förderliche Schlüsse daraus zu ziehen.

DANIELA PEETZ	09.07.2017	22:07 UHR

Ich finde es gut, dass Schüler auch selbst Lernanlässe schaffen und ihre Vorstellungen im Unterricht umsetzen können. Dazu braucht es aber Vorbereitung auf allen Seiten. Alle Beteiligten müssen sich einer solchen neuen und ungewohnten Lernkultur offen stellen, von ihrem Erfolg überzeugt sein und nicht gleich aufgeben, wenn es kleine Schritte der Gewöhnung und Übung braucht und „Rückschläge“ nicht ausgeschlossen sind. Wie soll man das z. B. in einer Klasse einführen, wenn man vielleicht die einzige Lehrerin ist, die an der Schule so arbeiten will? Oft denkt man, offene Lernprozesse müssten doch angesichts der Freiheiten für die Schüler von diesen begrüßt werden, aber das ist häufig nicht so. Schüler geben nicht selten zu offenen Lernformen den Kommentar, dass sie gern vom Lehrer wüssten, was sie zu lernen haben, manchmal gar, dass es ja schließlich deren Job sei, ihnen etwas beizubringen. Außerdem stellt sich für mich noch die Frage, wie „intim“ ich die Nähe zu den Schülern gestalten kann. Überschreite ich als Lehrer nicht schnell eine Grenze von Nähe und Distanz, wenn ich wahrnehme, was mit und in einem bestimmten Schüler gerade vorgeht? Werde ich nicht „übergriffig“, wenn ich in meiner Rolle z. B. als Mathematiklehrerin Empfindungen und Gefühle wahrnehme, die dem Schüler ja auch peinlich sein können? Diese dann auch noch zum Anlass zu nehmen, dem personalisierten Lernen auf die Sprünge zu helfen, ist mir mit Achtung und Respekt vor der Schülerpersönlichkeit fremd und durchaus belastend.

FREDERIK STOLLER	10.07.2017	10:58 UHR

Lernseitigkeit zielt nicht darauf ab, Intimität zu erzeugen, sondern ist Gerichtetheit der Aufmerksamkeit, oder wie Meyer-Drawe es formuliert: „Als Unterrichtende lenken wir die Blicke, wecken wir das Begehren nach Wissen.“[63] Wenn ich meine Aufmerksamkeit auf das lenke, was Schüler wirklich bewegt, kann diese Beziehung eine Nähe schaffen, die eine starke Bindung erzeugen kann. Hier ist in der Tat die Professionsethik wichtig, sich – psychoanalytisch gesprochen – der

[60] Schulz von Thun (1998), S. 306
[61] Schulz von Thun (1998), S. 306
[62] Meyer-Drawe (2012b, Auszug aus einem Interview)
[63] Meyer-Drawe (2012b, Auszug aus einem Interview)

Übertragungen und Gegenübertragungen bewusst zu sein, denn Begegnungen machen etwas mit Menschen, das nicht von vornherein rational steuerbar ist. Hierbei braucht es viel Gespür für die Brüchigkeit von Lernphasen, den Glauben an das Entwicklungspotenzial von jungen Menschen, aber auch die Fähigkeit, die Situation systemisch zu betrachten. Vielfach wird in der didaktischen Planung vernachlässigt, dass die Bereitschaft der Lernenden, die Begierde nach Wissen, eine entscheidende Voraussetzung für das Lernen ist. Hierbei spielt die Sinnfrage eine wichtige Rolle. Erich Fromm formuliert das treffend, wenn er argumentiert: „Wenn das Leben keine Vision hat, nach der man strebt, nach der man sich sehnt, die man verwirklichen möchte, dann gibt es auch kein Motiv, sich anzustrengen."[64] Weshalb sollten junge Menschen etwas tun, was für sie keinen Sinn macht? Vielfach ist es der sekundäre Sinn wie der anzustrebende Schulabschluss, das Erfordernis für eine berufliche Perspektive, ein Sinn, der aber nur bei bestimmten Schülern wirkt – und auch nur sekundär und weniger wirkmächtig! Wenn Unterricht als gemeinsame Generierung von Bedeutung verstanden wird, trägt eine lernseitige Orientierung sehr zur gemeinsamen Sinnstiftung bei – sowohl für die Lernenden als auch für die Lehrenden. Vor diesem Hintergrund steht vor jedem Methodeneinsatz eine übergeordnete Entscheidung, die über das wirkt, was jemanden ergreift.[65] Vor diesem Hintergrund kann ich es gut verstehen, dass sich Schüler bestimmten Unterrichtsmethoden verweigern, wenn sie den Sinn nicht sehen oder nicht ergriffen werden.

Professionsethik und Professionsbewusstsein können aus lernseitiger Sicht in dreifacher Hinsicht ausdifferenziert werden: Erstens als Offenheit für Erfahrungen, die im ersten Moment vielleicht eine befremdende oder auch abstoßende Wirkung auf uns Lehrende ausüben. Anstatt diese Erfahrungen einfach zu übergehen oder aber diese in ein vorgegebenes Muster einzuordnen, gilt es uns diese als fremde Erfahrungen bewusstzumachen. Infrage steht, wie wir darauf antworten können, ohne schon durch die Art des Umgangs ihre Ansprüche zu neutralisieren. Zweitens betrachten professionelle Lehrende es als ihre Aufgabe, Vertrautheiten und Selbstverständlichkeiten infrage zu stellen sowie Irritationen einen zweiten Blick zu schenken, beispielweise indem vertraute Bilder von Schülern oder auch der Schule selbst infrage gestellt werden. Dies ist nicht immer einfach und verlangt eine stete Anstrengung. Die Schule ist immerhin für jede Lehrperson eine langjährig vertraute soziale Situation mit reichhaltigen biographischen Erfahrungen. Drittens sollten wir Lehrer lernen, mit der damit einhergehenden Unsicherheit umzugehen. Diese zu kultivieren und uns dabei der eigenen Wissensgrenzen in Bezug auf die Sache, aber auch die eigenen Schüler bewusst zu bleiben, ermöglicht erst eine Bezugnahme auf den anderen, die ihn nicht von vornherein in eigene Kategorien einordnet.

[64] Fromm (2016), S. 306
[65] Vgl. Krenn (2016)

3. Kerngedanke: Systemisches Wissen und Handeln

Holger, Hannah-Sophie und Frau Hainz

In der Freiarbeit für Erdkunde bildet Holger mit Hanna-Sophie ein Paar. Sie müssen sich gegenseitig die in der Hausaufgabe vorbereiteten Fragen stellen, aber flüsternd, damit sich die Schüler nicht gegenseitig stören. Hanna-Sophie lächelt verlegen, als sie die erste Frage stellt: „Was heißt Fellache?" Holger blättert ziellos im Buch herum, zuckt dann mit den Schultern. „Wos hoaßt's?"[66]*, fragt er Hanna-Sophie. Sie zuckt auch mit den Schultern und lacht: „Ich weiß es nicht." Nun fragt sie weiter, was Hochkultur bedeutet. Holger reckt sich und sagt: „Das sind die gescheiten Leute."*[67] *Hanna-Sophie erwidert streng: „So kannst du nicht reden. Du musst sagen: Schrift, Sprache, Bauten." Holger nickt: „Ist gut, dann sag ich's so." Hanna-Sophie reduziert ihre Fragen: „Mumifizieren?", fragt sie und blickt Holger auffordernd an. Er erklärt ausführlich die einzelnen Schritte, sie hängt die Frage an: „Und wieso?" Holger antwortet: „Damit er in den Himmel aui kommt, dass er Gott wird."*[68] *Hanna-Sophie faltet ihren Zettel mit den Fragen zusammen und sagt: „Jetzt bin ich dran, außer Fellache hast du schon viel gewusst." Als sie auf Holgers erste Frage ins Buch schauen will, klappt er es mit einem festen Schlag zu; sie schaut ihn erschrocken an. „Beim Test hast du auch kein Buch", sagt er ernst. Als er ihr bei der nächsten Frage die Bilder zeigen muss, deckt er umständlich mit der Hand die dazugehörigen Bildunterschriften ab. Sie weiß zwei Antworten, bei der dritten kommt sie nicht weiter, da gibt er die Bildunterschrift frei: „Da ist es gestanden." Seit Holger fragt, sind sie lauter geworden. Frau Hainz tritt hinzu und erinnert sie ans Flüstern. „Wer von euch ist fürs leise Arbeiten zuständig?", fragt sie noch nach. Holger schaut auf: „Ich." „Dann musst du es einhalten", mahnt Frau Hainz. Holger wendet sich an Hanna-Sophie und sagt: „Pssst." Er sitzt jetzt nach vorn gebeugt und legt den Zettel mit den Fragen jedes Mal, wenn er eine Frage stellt, auf seinen Nacken. Hanna-Sophie nutzt diese Haltung, um wieder nach dem Buch zu greifen: „So könnte ich es schon auch", ruft er laut. Frau Hainz tritt hinzu, da beugt sich Holger noch näher an Hanna-Sophie heran und sagt streng „Pssch!".*[69]

In der Vignette arbeiten Holger und Hannah-Sophie in Partnerarbeit gemeinsam an einer Aufgabenstellung. Sie haben von der Lehrerin Frau Hainz den Auftrag bekommen, sich gegenseitig die zu Hause vorbereiteten Fragen zu stellen. In diesem besonderen Beispiel steht dafür die „Freiarbeit" zur Verfügung. Ob es sich um eine Klasse mit einer bestimmten reformpädagogischen Ausrichtung handelt oder die Freiarbeit lediglich im Sinne einer offenen Unterrichtsmethode zur Anwendung kommt, wird in der Vignette offengelassen. Deutlich wird jedoch, dass die Handlungsspielräume während der Partnerarbeit von Holger und Hannah-Sophie durch einen genau vorgegebenen Rahmen begrenzt sind. Die beiden „müssen" die bereits vorbereiteten Fragen aus dem Bereich „Erdkunde" „flüsternd" stellen, d. h. der

[66] Dialektale Sprechweise: „Was heißt das?"

[67] Umgangssprachliche Sprechweise: „Das sind die intelligenten Menschen."

[68] Dialektale Sprechweise: „Damit er in den Himmel hinaufkommt, dass er Gott wird."

[69] Baur & Peterlini (2016), S. 66f.

Lärmpegel darf eine gewisse Lautstärke nicht überschreiten, damit er sich nicht unangenehm in die Aufmerksamkeit der Mitschüler drängt. Obgleich die Lehrerin in der Unterrichtssituation nur am Rande anwesend ist, ist der zu nutzende Erfahrungsraum in organisatorisch-zeitlicher (wann?), räumlicher (wo?), kooperativer (mit wem?), methodischer (wie?), sozialer (Regeln in der Klasse) und inhaltlicher (was?) Art genau begrenzt. Im Rahmen der Partnerarbeit übernehmen Hanna-Sophie und Holger abwechselnd selbst Aufgaben des Lehrens.

Hannah-Sophie schlüpft nach einer Phase der anfänglichen Verlegenheit in die Rolle der disziplinierenden Lehrerin. Sie zensiert, was innerhalb der Schule als illegitimes Wissen gilt. Holgers Antwort auf die Frage nach der Bedeutung von Hochkultur ist zwar inhaltlich richtig, sie zerschellt jedoch an den schulisch-formalen Kriterien. Hanna-Sophie zeigt ihm, welche sprachlichen Register gezogen werden müssen, um die erforderlichen Aufgaben im System Schule zu bewältigen. Die Schülerin fordert bei ihrem Mitschüler mit ihrer Richtigstellung und ihrer knappen Fragehaltung explizit und normativ den Gebrauch der Bildungssprache ein. Auch Holger wird anschließend mit dem Ausfragen betraut und darf in die Lehrerrolle schlüpfen. Mit dem Wechsel der Aufgaben geht auch ein Wechsel der sozialen Positionen und Hierarchien einher. Dabei werden die Grenzen des schülereigenen Handlungsspielraums noch enger gezogen. Mit dem Zuklappen des Buches und dem Abdecken der Bildunterschriften simuliert Holger eine Testsituation, die Hannah-Sophie nun zu meistern hat.

Die Vignette rund um Holger, Hannah-Sophie und Frau Hainz macht deutlich, dass Schüler mittels selektierender und homogenisierender Praktiken in das System Schule eingeführt werden. Schulische Vorgaben werden insbesondere durch Gewohnheit und Routine als Ordnungsstrukturen internalisiert. Dem offiziellen Lehrplan entzogen, strukturiert dieser „heimliche Lehrplan“[70] die Lernerfahrungen der Schüler. Dieser ist sehr viel wirkmächtiger, als dies die direkten Aufforderungen der Lehrkräfte je vermögen würden.

Der schulische Habitus oder die „List der pädagogischen Vernunft“

Nach dem Schulpädagogen Helmut Fend dienen formale Bildungsinstitutionen in erster Linie der Reproduktion der jeweiligen Gesellschaft.[71] Diesen Bildungs- und Erziehungsauftrag erfüllen Schulen über die Sozialisation der heranwachsenden Generation. Diese ereignet sich nach dem Soziologen Pierre Bourdieu vor allem über Praktiken der Imitation. Im Vor- und Nachmachen prägen sich bei den Schülern bestimmte Verhaltensweisen aus, die sich zu einem so genannten Habitus ausbilden. Dieser Habitus zeigt sich im leiblichen Ausdruck an, d. h. in der Art, sich zu kleiden oder sich zu bewegen bzw. ganz allgemein sein Leben zu gestalten.[72] Bei der Ausbildung eines schulischen Habitus spielen auch Techni-

[70] Bernfeld (2000) [1925], S. 28

[71] Vgl. Fend (1980)

[72] Vgl. Bourdieu (1987) [1982], S. 277f.

ken der Disziplinierung wie die schulische Erziehung eine Rolle. Dem Leib der Schüler werden durch scheinbar unbedeutende Ermahnungen, gekoppelt an Emotionen, gesellschaftlich-funktionale Strukturen sowie Verhaltensweisen eingeschrieben. Pädagogische Praxis operiert damit vorwiegend in der Form einer „stillen Pädagogik", die auch als „List der pädagogischen Vernunft" bekannt geworden ist. Darüber hinaus dienen auch die Dinge des Alltags und ihr zeitgemäßer Gebrauch dazu, den Leib der Personen zu formen, sodass er diejenigen Praktiken erzeugen kann, die der Schule angemessen sind und als natürlich erscheinen. Diese werden so lange wiederholt, bis sie sich bei Schülern als feste, unhinterfragte Gewohnheiten ausgebildet haben. Handlungsroutinen geben einerseits Sicherheit und ermöglichen damit, sich vom Alten zu lösen. Verfestigte Gewohnheiten verhindern Lernen andererseits jedoch auch. Durch systemrelevante Irritationen können starre Gewohnheiten immer wieder aufgebrochen und dadurch bewusstgemacht werden.

Innerhalb des Systems Schule werden vorwiegend indirekte Handlungsanweisungen gegeben. Schulische Normen und Werte sind aufgrund ihrer selbstverständlich gewordenen Genealogie für Außenstehende, oftmals nicht einmal für „Eingeweihte", unmittelbar zugänglich. Denn neben der mehr oder weniger bewussten Einhaltung von Normen, Regeln und gesetzlichen Vorschriften ist die zumeist un- oder vorbewusste Orientierung daran eine vorwiegend leiblich erlernte und weniger rational begründete Verhaltensweise. Die Schüler wissen anfangs noch nicht, wie das System Schule funktioniert, welche Positionen, Rollen, Hierarchien, Machtverhältnisse und Anerkennungspraktiken es gibt und welche wichtig sind, welche impliziten Normen gelten, welche Regeln strikt einzuhalten sind oder welche von wem missachtet werden dürfen. Anhand der Vignette wird deutlich, dass Schüler diese Regeln und Normen erst in der körperlich-sinnlichen Interaktion lernen, durch Mitmachen und Abgucken von Lehrergesten, im Ausprobieren und Einüben von spezifischen Bewegungen und Handlungen, die sie auch an anderen wahrnehmen: Dadurch verinnerlichen sie, was in der Schule als „richtig" oder aber als „falsch" gilt. Im Grunde besitzen Schüler damit systemrelevantes Wissen, dieses wird aber implizit und nicht explizit erworben. Damit bleibt ihnen die Möglichkeit einer Reflexion dieser impliziten Normen und Regeln entzogen, weil sie kein Bewusstsein darüber haben. Man tut eben in der Klasse etwas auf eine bestimmte Art und Weise. Man verhält sich in der Schule eben so. Man spricht so mit Lehrern, toleriert in dieser Situation aber zugleich eine gewisse Unterordnung und Hierarchie. Das Geschehen verlangt bestimmte Formen der Teilnahme, aber es lässt zugleich auch Abweichungen zu. Dazu zählt die unter Schülern weitgehend geteilte Auffassung, dass man bestimmte Regeln ruhig übertreten darf bzw. durch den bewussten Einsatz systemischen Wissens Grenzgänge vorgenommen werden können – ohne dass man dafür Sanktionen zu fürchten hat.

Wenn Schüler an die Grenzen des Systems Schule stoßen oder diese verletzen, wird ihnen dieses selbstverständliche Wissen über die Schule zugänglich. Durch die Verletzung von Regeln und die Folgen darauf erfahren die Schüler von ihrem abweichenden Verhalten und damit auch etwas über die impliziten Regeln des Systems Schule. Damit wird eigenes Wissen über das System bestenfalls im Vollzug der Verletzung einer Regel thematisch und dadurch bewusst. Als Beispiel in der Vignette kann der Regelverstoß von Holger genannt werden. Erst indem er selbst zu laut ist und damit eine schulische Regel, jene des Stillseins, verletzt, wird er sich darüber bewusst, dass in seiner Klasse ganz bestimmte Regeln gelten und dass er selbst mit einer ganz bestimmten Rolle, als Zuständiger für die Einhaltung dieser Regel, in das System Schule eingebunden ist.

Der schulische Alltag gestaltet sich als komplexes Spiel, das eines umfassenden Wissens um die Spielregeln bedarf. Diese Regeln sind nicht unmittelbar ersichtlich und eingängig. Sie erfordern einen langwierigen Prozess des Lernens und des Einübens. Das Lernen erfolgt häufig unbewusst, wird weitergegeben und als gewohnheitsmäßiges Wissen in der Regel nicht hinterfragt. Problematisch erscheint, dass Schule für die Zwecke des Lehrens und Lernens eigene Systemanforderungen schafft. Diese sind selbst häufig nicht Gegenstand des Lehrens, sondern deren Beherrschung wird für das Lernen als selbstverständlich vorausgesetzt. Über die Lehrhandlungen von Holger und Hannah-Sophie kann Frau Hainz beispielsweise nicht nur etwas über den Habitus der beiden, sondern auch sehr viel über ihr eigenes Lehrerverhalten erfahren – und damit auch ihr persönliches systemrelevantes Wissen und Handeln erweitern. Ein lernseitig-systemischer Blick auf Unterricht und Schule eröffnet Frau Hainz die Möglichkeit, aus den Artikulationen ihrer Schüler Erkenntnisse darüber abzuleiten, welche Erfahrungsräume und Grenzen sie dem Lernen mit ihren Spielregeln und Settings setzt. Das gibt ihr die Chance, die Tauglichkeit dieser meist gewohnheitsmäßigen und kaum noch hinterfragten Spielregeln und Settings neu auf den Prüfstand zu stellen und, wo nötig, zugunsten von mehr Freiheit zum experimentierenden Lernen zu modifizieren.

Wie kann Schule aussehen, die das Infragestellen von Normen und das Brechen von Regeln vonseiten der Schüler nicht nur als Regelverletzung, sondern als systemrelevante Irritation interpretiert? Wie können geeignete räumliche und zeitliche Rahmenbedingungen von Unterricht ausgestaltet werden, um schulischen Lernmöglichkeiten mehr Raum zu geben?

FORUM: Systemisches Wissen und Handeln

 CHRISTINE BUNGE 12.07.2017 13:08 UHR

Meine Kollegen und ich haben uns im Unterricht immer um große inhaltliche und methodische Freiheiten für die Schüler bemüht, z. B. bei „offenen Lernformen" wie der Freiarbeit oder Projektarbeit, sind aber sowohl in der Gesamtschule als auch im Gymnasium an Grenzen gestoßen, beispielsweise in Bezug auf die räumlichen Gegebenheiten oder auch an Vorgaben durch die Stundentafel und die Anzahl der jeweiligen Stunden in einem Jahrgang, ebenso durch die Curricula, deren Einhaltung z. B. einen Schulwechsel ermöglicht und die die Grundlage für zentrale Prüfungen sind. Da gibt es zum Teil nicht nur Ländervorgaben, sondern auch Regelungen durch die Kultusministerkonferenz (KMK). Eine mutige Schulleiterin kann zulassen, dass individuelle Schwerpunkte gesetzt werden, dass Schüler flexibel in unterschiedlichen Lerngruppen arbeiten oder dass sich Fächergruppen zusammenschließen. Man kann das Stundenraster verändern, ist aber dann z. B. schon wieder eingeschränkt in der Kooperation mit Nachbarschulen und anderen Partnern. Eine lernseitige Orientierung im Unterricht muss sich solchen Gegebenheiten anpassen, kann aber meiner Meinung nach deshalb immer noch im Klassenraum zwischen Lehrkraft und den einzelnen Schülern stattfinden. Ich möchte aber einmal grundsätzlich aus der Praxiserfahrung festhalten: Für eine lernseitige Ausrichtung sollten meine Unterrichtsphasen möglichst lang sein. Zeiträume von 60 bis 90 Minuten bieten sich sicher als hilfreich an. Dann hätte ich als Lehrkraft auch Zeit, mit den Schülern ihr Handeln zu reflektieren, was ja den eigentlichen Lernerfolg ausmacht. Ich kann mir auch vorstellen, dass dies für alle Beteiligten einen Erkenntnisgewinn darstellt, wenn auch gegebenenfalls der Lernprozess von nur ein oder zwei Schülern im Fokus der Reflexionsphase steht. Wichtig ist, dass im Laufe der Zeit alle einmal im Fokus des Interesses stehen können. Ich bin mir auch sicher, dass es nicht schwer sein wird, Kindern und Jugendlichen klar zu machen, dass sie nicht nur aus „Kopf" bestehen, sondern ihr gesamtes Verhalten, ihre Stimmung, ihr „Leib" Teil ihres Lernprozesses sind. Ich kann mir auch sogar vorstellen, dass selbst jüngere Kinder das notwendige Dilemma einer Lehrkraft verstehen, diesen „leiblichen" (Lern-)Menschen in der Unterrichtssituation wahrzunehmen und darauf zu antworten. Kinder sind oft viel verständiger und nachsichtiger, als wir meinen.

Ich sehe in dem Zusammenhang aber zwei Probleme unterschiedlicher Art:

1. *Wenn ich eine Schülergruppe lange kenne, Fähigkeiten und Leistungen im Rahmen des Faches einschätzen kann, aber auch z. B. mit ihnen neben dem Unterricht im Ganztag arbeite, persönliche Gespräche mit Einzelnen geführt habe, die Eltern und das Elternhaus kenne, auf einer Klassenfahrt viele persönliche Kontakte knüpfen konnte, dann fällt mir die Wahrnehmung der ganzen Person des einzelnen Schülers auch im Lernprozess nicht schwer. Und trotzdem wage ich zu behaupten, dass ich mich irren kann – vor allem bei Jugendlichen in der Pubertät. Außerdem verlangt es Kompetenzen, sehr persönliche, manchmal vielleicht intime Gespräche mit Schülern führen zu können. Soll dabei lernseitiges Unterrichten wirklich ein Akt des „persönlichen Sich-Auslieferns an das pädagogische Feld" sein? Nicht jede Lehrperson kann Grenzen zur Notwendigkeit therapeutischen Handelns erkennen. Und wo liegen die Grenzen einer professionellen Distanz für Lehrer?*

2. *Für eine solche Arbeit ist es Voraussetzung, dass ich die Möglichkeit habe, mit einer Schülergruppe sehr intensiv zu arbeiten. Ich sollte mehrere Fächer in der Lerngruppe unterrichten können, und die jeweilige Lern- und Unterrichtsphase sollte zeitlich ausgedehnt sein. 45-Minuten-Stunden sind ganz sicher kontraproduktiv. Manche Schulen sind da schon auf einem guten Weg, indem die pädagogischen Notwendigkeiten die Unterrichtsverteilung und den Stundenplan prägen und nicht umgekehrt. Aber um die „Traditionen" eines Systems zu verändern, bedarf es der Bereitschaft vieler, insbesondere der Führungspersonen in einer Schule. Diese aber sind häufig so eingebunden in ein von außen vorgegebenes Regelwerk, dass Systemveränderungen bei allem guten Willen die Ausnahme sind – es sei denn, eine mutige und selbstbewusste Schulleitung reizt bei den vielen Vorgaben die Grenzen aus, um den pädagogischen Zielen Vorrang zu geben. Wie häufig aber gibt es solche Schulleitungen? Und wie kann man die vorgesetzten Behörden davon überzeugen, dass ein lernseitiger Unterricht im Interesse des Lernens und der Persönlichkeitsentwicklung besser und nachhaltiger ist? Von „selbstständiger Schule" ist zwar landauf, landab die Rede, aber die Handlungsspielräume vor Ort werden immer schmaler.*

FREDERIK STOLLER	13.07.2017	09:51 UHR

Als typische Antwort eines Wissenschaftlers würde ich formulieren: „Auf diese komplexen Fragen gibt es keine einfache Antwort." In meinen praktischen Erfahrungen in der über zehnjährigen Arbeit beim Deutschen Schulpreis habe ich erfahren dürfen, dass in der schulischen Praxis viel mehr möglich ist, als die angenommenen Systemgrenzen durch Behörden vorzugeben scheinen, denn es gibt ja keine zentralen Lösungen für die Herausforderungen am einzelnen Standort. Da jede Schule anders ist und von und mit den Menschen gemacht wird, die dort arbeiten, lassen sich diese Erfahrungen leider nicht generalisieren. Politische Vorgaben lassen sich nicht „von oben" „nach unten" über Delegationssysteme umsetzen, sondern erleben viele Brüche, Interpretationen und zum Teil auch missverstandene Umsetzungen, wie ich das zum Teil bei der Einführung der Bildungsstandards erlebt habe: Wenn die Standards wichtiger sind als die jungen Menschen, für die sie gedacht sind, und sie in der Klasse das Unterrichtsgeschehen bestimmen, dann stimmt etwas nicht hinsichtlich der Frage, wie Bildungsstandards „gelebt" werden. Ähnlich verhält es sich mit den schulischen Kontrollsystemen. Hier auch ein treffendes Zitat von Käte Meyer-Drawe: „Permanente Kontrollen gelten nicht dem, was man ist, sondern dem, was man sein sollte, d. h. sie erzeugen die flexibel angepasste Persönlichkeit. Unter dem Vorwand von Individualisierung und Selbstbestimmung wird ihre Intimität liquidiert."[73]

Werden die leiblichen Artikulationen der Schüler betrachtet, so spiegelt ihr Handeln zumindest einen Teilbereich des komplexen Systems Schule wieder. Schüler handeln in ihren eigenen Augen immer sinnvoll, auch wenn dies auf den ersten Blick für die Lehrer vielleicht nicht so scheinen mag. Über das Handeln ihrer Schüler erfahren Lehrkräfte beispielsweise etwas über den systemrelevanten heimlichen Lehrplan. Das Bewusstwerden der Grenzen geht immer auch mit

[73] Meyer-Drawe (2012a), S. 208

einem Sichtbarmachen der eigenen Spielräume einher. Die Vignetten im Buch laden ein, anders hinzuschauen, quer zu denken und Unterschiede wahrzunehmen: Damit eröffnen sie erweiterte Handlungsmöglichkeiten angesichts komplexer Situationen und Herausforderungen.

FORUM: Systemisches Wissen und Handeln

 BIRGIT LENZ 13.07.2017 09:51 UHR

Werden Schüler damit nicht überfordert, wenn ihnen Eigenheiten des Systems Schule bewusstgemacht werden sollen? Schon Lehrern fällt es schwer, systemisch zu denken. Schüler bringen sich intuitiv mit ihren Bedürfnissen ein, wenn sie dies gewohnt sind; dazu bedarf es keines Wissens, wie das System funktioniert. „Lernseits" bedeutet für mich, dass der Unterricht sich so verändert, dass Schüler sprachlich, mimisch oder in Handlungen fähig sind, ihre Bedürfnisse zu äußern. Und indem dies von der Lehrkraft wahrgenommen und darauf in ihren Lehrhandlungen geantwortet wird, wäre das für mich die Grundlage für den Fortgang eines lernseitigen Unterrichtens.

FREDERIK STOLLER 14.07.2017 05:31 UHR

Gerade die Verwirklichung anspruchsvollen Unterrichts, der Schülern auch etwas zumutet und zutraut, braucht den Systemblick! Möchten wir das System verändern und eingefahrene Muster überwinden, so ist die Voraussetzung dafür ein hohes Vertrauen in die Wirksamkeit einer lernseitigen Orientierung. Das ist mehr eine Frage der Kultivierung als eine der Qualifizierung, wie das der Schulpädagoge Stefan Hopmann ausdrücken würde. Voraussetzung dafür sind ein aufgabenbezogenes Verständnis von Unterricht, das sich für die Schüler als machbare Tätigkeit äußert, eine tragfähige Beziehung zwischen Lehrkraft und den Lernenden sowie ein selbstbezogenes Leistungskonzept, das Lernen auf die persönliche Leistung bezieht.

ULRIKE BERGSTEDT 16.07.2017 23:01 UHR

Spitzt man die bisherigen Aussagen zum System zu, würde sich bei einer konsequenten Umsetzung die Frage stellen: Welche konkreten Aufgaben fallen denn dann den Lehrkräften und der Schulleitung zu?

FREDERIK STOLLER 17.07.2017 08:44 UHR

Lehrkräfte bekommen in einer lernseitigen Wahrnehmung von Unterricht wieder eine stärkere Rolle in der Funktion als Pädagogen im ursprünglichen Sinn, nämlich sich in Schule und Unterricht als Experten der Belange von Erziehung und Bildung ihrer anvertrauten Schüler anzunehmen – allerdings nicht nur im Kontext der Klasse, sondern im systemischen Zusammenhang der Schule als Ganzes. Einschlägige Studien zeigen auf, dass die Unterschiede innerhalb von Schulen oft größer sind als zwischen den Schulen. Das heißt: Erfolgreich sind Schulen, in denen eine intensive Kooperation zwischen den Lehrkräften stattfindet, die eng inhaltlich und unterrichtsbezogen aufeinander abgestimmt ist. Die systemische Aufgabe der Schulleitung liegt in der

Unterstützung und im Unterrichtsbezug, d. h. sie kennt auch die Befunde der Tiefenstruktur (Welche Konzepte bewähren sich an der Schule? Wie wird Lernseitigkeit an der Schule zu erreichen versucht? Welche wiederkehrenden Probleme zeigen sich und welche gemeinsamen Lösungen finden sich?) Eine bewährte Form, dies herauszufinden, ist der sogenannte Classroom Walkthrough (CWT).[74] *Dabei werden Lehrpersonen innerhalb eines selbst definierten Zeitraumes von der Schulleitung jeweils nur kurzzeitig in der Klasse besucht, die sich – ohne Kontrollabsicht – ein systemisches Bild der Unterrichtspraxis an der Schule macht und die Gesamtsicht an das Kollegium oder Fachteam rückspiegelt. Im Zuge der Reflexion der Ergebnisse kommen oft überraschende Erkenntnisse zutage, die in der weiteren Unterrichtsentwicklung von Schulen berücksichtigt werden können. Der CWT repräsentiert damit eine wissenschaftlich erforschte und flexibel einzusetzende Methode für unterrichtsbezogene Führung („Leadership for Learning") und ermöglicht es der Schulleitung und anderen Betroffenen (z. B. Fachteams), darüber auf dem Laufenden zu bleiben, was im Unterricht geschieht, Stärken und Schwächen der Unterrichtsgestaltung wahrzunehmen und gezielt Professionalisierungsmaßnahmen aus systemischer Perspektive zu initiieren.*

Ein möglichst umfassendes Wissen über das System Schule ermöglicht auch eine Form der Vernetzung, die über die Fachgrenzen hinausdenkend angelegt ist. Wie können schulische Strukturen so verändert werden, dass Inhalte zusammenfassender gedacht werden können? Um beispielsweise fächerübergreifend zu arbeiten, ergeben sich auch Konsequenzen für vernetztes Handeln in Bildungsnetzwerken und Kooperationen. Dabei ist es „lernseits" unumgänglich, die Wahrnehmung der Schüler von Unterricht und Schule mit zu bedenken.

FORUM: Systemisches Wissen und Handeln

 FREDERIK STOLLER | 19.07.2017 | 16:07 UHR

Schulen denken vielfach noch sehr standortbezogen, sie sind aber immer Teil eines Umfeldes, das einerseits die Bedingungen der Schule mitbestimmt, andererseits dieses auch selbst weiter verändert – etwa durch Schülerströme, die sich durch die Attraktivität einzelner Standorte ergeben. Aus systemischer Perspektive einer Bildungsregion gilt es, ausgehend von einzelnen Bildungsbiographien der in der Region lebenden Kinder und Jugendlichen, unter Partizipation aller Institutionen und Akteure deren möglichen Lernwege zu diskutieren, Defizite zu orten, Anschlüsse zu sichern und Unterstützungssysteme aufzubauen, um allen einen erfolgreichen Weg von der frühkindlichen Förderung bis zum Schulabschluss und Übertritt in den Beruf zu ermöglichen. Dies lässt sich nur in der jeweiligen Bildungslandschaft, beispielsweise in der Zusammenarbeit von Politik, Schulbehörde sowie Bildungs- und Sozialeinrichtungen „vor Ort" systemisch erarbeiten. Dadurch übernehmen alle Beteiligten ein Stück Verantwortung über ihren eigenen Wirkungsbereich hinaus, um z. B. Übergänge, Ganztagsangebote und -betreuung sicherzustellen.

[74] Vgl. Schwarz (2013)

	ULRIKE BERGSTEDT	20.07.2017	19:16 UHR

Wie muss dann eine veränderte Lehrerbildung aussehen, die konsequent auf Lernseitigkeit ausgelegt ist – ebenfalls systemisch gedacht? Welche Kompetenzen brauchen Lehrkräfte dann zukünftig und wie werden diese gelehrt?

	FREDERIK STOLLER	21.07.2017	08:02 UHR

Auch die Lehrerbildung braucht die systemische Zusammenarbeit von Fachwissenschaft, -didaktik, Bildungswissenschaft und Schulpraxis, aber auch mit Fort- und Weiterbildungsangeboten, was sich für die Lehramtsstudierenden in einer Kohärenz zwischen Lehrveranstaltungen, schulischen und universitären Anteilen auswirkt, in der ein gemeinsames Verständnis lernseitiger Orientierung die Zielperspektive ist. In der schulischen Praxis liegt der Fokus nicht nur auf dem didaktischen Handeln, sondern auf dem lernseitigen Geschehen. Etwa dadurch, dass die Studierenden auf Basis von Miterfahrung von Unterricht Schülerporträts erstellen[75] *und dadurch mehr darüber erfahren, was sich „lernseits" von Unterricht zeigt. Auch die Arbeit mit Vignetten eignet sich sehr gut für die Anbahnung des Perspektivwechsels und daran anschließend das Schreiben von Vignetten durch die Lehramtsstudierenden. Dabei geht es nicht nur um einzelne Kompetenzen, sondern um das Zusammenspiel übergeordneter Domänen der Entwicklung von Professionalität, wie etwa Differenzfähigkeit (Umgang mit großen und kleinen Unterschieden), Professionsbewusstsein (sich als Experte wahrnehmen), Kooperation und Kollegialität (die Produktivität von Zusammenarbeit), Diskurs- und Reflexionsfähigkeit (das Teilen von Wissen und Können) sowie Personal Mastery (die Kraft individueller Könnerschaft).*[76]

	CHRISTINE BUNGE	21.07.2017	19:00 UHR

Ich finde, dabei eignet man sich auch eine Fähigkeit an, Lernprozesse im Unterricht überhaupt wahrnehmen zu können, was später für die eigene Reflexion im lernseitigen Unterricht absolut notwendig ist.

[75] Vgl. Schwarz & Schratz (2012), S. 35–47

[76] Vgl. Schratz et al. (2011)

4. Kerngedanke: Persönlichkeitsbezug

Ignaz, Iris, Igor und Frau Immerloh

Frau Immerloh erklärt den „angenehmen Eigengeruch" des Holzes, dazu werden verschiedenartige Holzplättchen durch die Reihen gereicht. Ignaz hält das erste Holzstück lange an seine Nase, zieht immer wieder den Geruch ein, sagt dann mit einem Ausdruck des Ekels: „Das stinkt." Er reicht das Holzstück aber immer noch nicht weiter, sondern riecht weiter daran. Seine Banknachbarin Iris schaut angeekelt hin und lacht. Igor, der auf der übernächsten Bank sitzt, wird ungeduldig und ruft ihm zu: „Weiter, weiter! Ignaz, dai[77]!" Ignaz lässt sich nicht beirren. Er schnuppert wieder am Holz, macht „bäh", zieht den Geruch ein, riecht wieder, schüttelt sich. Erst jetzt reicht er es, mit langsamer Bewegung, an Iris weiter, diese riecht nur kurz daran, sagt „bäh, das stinkt wirklich" und übergibt es lachend, mit angewiderter Miene, dem vorhin protestierenden Igor.[78]

Riechen ist ein Zugang zur Welt, der uns nicht unverändert zurücklässt. Gerüche sind in bedeutender Weise an der Wahrnehmung der Welt und der Verwandlung ihrer Bedeutungen für uns beteiligt. Wir erkennen Gerüche wieder. Wie schattenhafte Erinnerungen tauchen sie an den Rändern unserer Erfahrung auf. Nicht immer können wir diese Gerüche exakt zu- oder einordnen. Sie überfallen uns. Wir können uns ihnen nicht entziehen. Gerüche ziehen uns an, sie können auf uns aber auch eine abstoßende Wirkung ausüben. Genauso wie Dinge und Gegenstände besitzen sie einen Aufforderungscharakter. Das Stück Holz, das Frau Immerloh ihren Schülern zur Veranschaulichung ihrer Erklärungen zur Verfügung stellt, fordert auf, mit ihm zu hantieren und an ihm zu riechen. Ignaz scheint ganz von dem Geruch in Anspruch genommen zu sein. Doch nicht nur das: Über die Intention der Lehrerin hinausgehend, wird den Schülern der Gegenstand der Unterrichtsstunde dadurch auch haptisch *be-greifbar*.

Der Pädagoge und Psychologe Martinus J. Langeveld hat dieses Angesprochenwerden durch die Dinge in seinen anthropologischen Analysen als selbstverständliche Erfahrungen unserer Alltagswelt beschrieben: „Die Welt und die Dinge in der Welt fordern uns heraus."[79] Und er führt weiter aus: „Wir kennen alle den eigentümlichen Appell der Dinge. [...] Irgendeine Dingeigenschaft appelliert an uns, und der Gegenstand spricht uns sozusagen *im Gerundivum* an: der Gegenstand verlangt von uns, dass wir etwas mit ihm tun: [...] das Runde fordert auf zum Rollen, das Dünne zum Recken, Biegen und Peitschen usw."[80] Seine Beispiele führen vor Augen, wie Dinge aufgrund ihrer mannigfaltigen Sinndimensionen zum Handeln, zur Gestaltung, zum Tun herausfordern. Sie fungieren in diesem Zusammenhang als Erfahrungsmöglichkeiten schlechthin. Damit eröffnen sich Chancen, die über die Milieubefangenheit und Gewohnheiten der einzelnen Personen hinausweisen. Die Lebenswelt wird so zu einem Sinnmedium, das, lässt man es zu, über die einzelnen Unterrichtsfächer hinausgeht und auch die Schul-

77 „Los!"
78 Agostini et al. (2016), S. 44
79 Langeveld (1956), S. 91
80 Langeveld (1956), S. 95f.

umwelt umfassen kann. Wenn Kinder und Jugendliche ihren lebensweltlichen Zugang zur Welt offenhalten dürfen, dann steigt die Chance, dass durch einen steten Wechsel der lebensweltlichen und fachwissenschaftlichen Perspektiven sinnstiftende Momente und damit Lernerfahrungen ihren Ausgang nehmen.[81]

Lebensweltliche Erfahrungen und damit zusammenhängende Gewohnheiten sind die Voraussetzung für Lernen, da Lehrkräfte mit ihren fachwissenschaftlichen Inhalten an diese anknüpfen und Schüler dadurch in andere, tiefere Strukturen der Erkenntnis vordringen können. Vorwissen behindert neue Erkenntnis und damit auch das Lernen. Schüler fühlen sich im schon Gedachten wohl. Hierbei können Dinge helfen, denn jedes Ding und jeder Begriff hat einen Aufforderungscharakter und trägt eine Mehrdeutigkeit in sich, die jeder von uns aufgrund dieses persönlichen Vorwissens anders wahrnimmt. Indem Dinge eine anziehende oder aber abstoßende Wirkung ausüben, nehmen sie die Schüler in Anspruch. Sofern sich dieser Anspruch mit vorgängigen Erfahrungen deckt, werden Voorannahmen bestätigt werden. Gewohnheiten bilden sich aus bzw. der Habitus der Schüler verfestigt sich. In seiner extremsten Form kann es dadurch auch zu einer dogmatischen Verfestigung des Vorwissens kommen. Erst aufgrund des Bruchs mit der vertrauten Sicht auf die Dinge kann Neues ins Bewusstsein treten. Dies ist dann der Fall, wenn uns fremde Erfahrungen überkommen. Jeder von uns kennt das Gefühl, ganz plötzlich überrascht zu werden. Gerade noch hatten wir eine bestimmte Absicht. Diese war mit bestimmten Erwartungen verknüpft. Durch Unvorhergesehenes werden diese Erwartungen schlagartig durchkreuzt. Ein neuer Sinn bricht in das Vertraute ein und reißt uns aus dem Gewohnten und Alltäglichen.

Auf Ignaz scheint der Geruch des Holzes eine besondere Anziehungskraft auszuüben. Es scheint für ihn eine fremde Erfahrung zu sein, die er in einem ersten Moment noch nicht ganz einordnen kann. Leiblich demonstriert er dies durch das anhaltende Einziehen des Geruchs, den die Lehrerin als „angenehmen Eigengeruch" beschreibt. Erst nach längerem Riechen antwortetet er auf seine eigene Riecherfahrung mit „Das stinkt" bzw. „Bäh". Indem Ignaz etwas als fremdes Etwas widerfährt und vorhandenes Vorwissen infrage gestellt wird, scheint ihm zunächst keine Möglichkeit auf Zu- oder Anordnung gegeben zu werden. Es zeigt sich etwas Unbestimmbares, denn mit seinem bisherigen Wissen und Können stößt er an seine Grenzen. In diesem Fraglich-Werden selbstverständlichen Wissens, im Nicht-Wissen, nimmt das Lernen seinen Ausgang. Dieser Zustand zwischen Nicht-Mehr und Noch-Nicht markiert den Anfang des Lernens.[82]

Erst durch irritierende Erfahrungen werden das Bewusstsein der Schüler und ihre lebensweltliche Befangenheit in Bezug auf Dinge oder Begriffe infrage gestellt. Damit gehören zum Lernen immer zwei Momente. Erstens der Bezug auf die lebensweltlichen Erfahrungen und zweitens die Infragestellung derselben. Auch „lernseits" involviert diese beiden Momente. Um als Lehrkraft die mannigfaltigen Verweisungshorizonte, die Dinge, Gegenstände und Begrifflichkeiten für die Schüler haben können, wahrzunehmen, ist eine lebensweltliche Vertrautheit mit

81 Vgl. Stieve (2008), S. 301ff.

82 Vgl. Meyer-Drawe (2005), S. 32

diesen und damit umfassendes „Weltwissen“ notwendig. Zugleich kann die Lehrkraft Schülern dazu verhelfen, mit dieser lebensweltlichen Vertrautheit zu brechen und damit ihre Grenzen des Wissens und Verstehens zu überschreiten. Selbstbestimmtes Lernen gerät hierbei an ihre Grenzen, weil Schüler die Lehrkraft benötigen, um sich von dieser vertrauten Sicht zu lösen und Eigenes hinterfragen zu können. Weil sie sich im Gedachten wohlfühlen, besteht ansonsten die Gefahr, dass die sich neuen Erfahrungen gegenüber verschließen.[83]

Ein einfaches Beispiel mag diesen Gedankengang veranschaulichen. In obenstehender Vignette fällt zum Beispiel der Satz des Schülers Ignaz auf: „Das stinkt.“ In der Wahrnehmung der Lehrerin Frau Immerloh wird deutlich, dass je nach wahrnehmender Person und je nach Zugangsart der Geruch des Holzes entweder als Stinken oder als „angenehmer Eigengeruch“ gedeutet werden kann. Je nach Schüler wird der Eigengeruch des Holzes eine andere Bedeutung haben. Diese unterschiedlichen Bedeutungen, die Dinge, Begriffe und Welt für die Person jeweils haben können, gilt es in einer lernseitigen Betrachtungsweise mitzubedenken und gemeinsam mit den Schülern auszufalten. Dies ist nicht einfach und verlangt eine permanente Anstrengung. Da die Wahrnehmung der Gegenstände ihren Ausgangspunkt bei den je eigenen Erfahrungen nimmt, versuchen die Lehrer die Dinge von ihrer Lebenswelt her zu verstehen. Allerdings dürfen sie nicht vollständig in diesen Erfahrungswelten aufgehen, da sie ansonsten die Erfahrungen nicht mehr angemessen reflektieren können.

Jeder Gegenstand oder jeder Begriff hat je nach Vorerfahrung eine unterschiedliche Bedeutung für die jeweils wahrnehmende Person. Je nach Person sind unterschiedliche Dinge, Gegenstände und Personen für sie ansprechend, üben unterschiedliche Wirkkräfte auf sie aus und stiften sie zu mannigfachen Handlungen an. Im Gegensatz zu Individualisierung meint Personalisierung genau das: Personalisierung ist sich der Unterschiedlichkeit des Vorwissens und der Verschiedenheit der Wahrnehmungen der Schüler bewusst. Personalisierung tritt nicht vorwegnehmend an die Lernenden heran, sondern nimmt den Aufforderungscharakter von Dingen und Situationen für die unterschiedlichen Schüler ernst. In diesem Sinne kommt im Schulalltag auch der Begriff „Individualisierung“ zum Einsatz, wir wollen hier aber mit dem Begriff „Personalisierung“ eine eindeutigere Formulierung verwenden. Die Wirkkraft von Dingen, Personen oder Situationen macht sich gerade dadurch bemerkbar, dass sie

[83] Vgl. Meyer-Drawe (2013b), S. 91f.

die Schüler unverhofft ansprechen. Neue Erkenntnis kommt dadurch gerade in der Durchkreuzung vorweggenommener Möglichkeiten auf. Sollen Schüler lernen, so ist deshalb ein personalisiertes Vorgehen erforderlich.

Personalisierung und Individualisierung

Bei der Personalisierung steht nach Michael Schratz und Tanja Westfall-Greiter „nicht das didaktische Konstrukt eines Individuums, sondern die Bildung der (jungen) Menschen, die es in der Beziehung zur Welt zu stärken gilt“[84], im Mittelpunkt der Betrachtungen: „Bei Personalisierung ist das jeweils persönliche Ich beim Lernen beteiligt und macht es zu seinem, es trägt den Fingerabdruck des Lernenden.“[85] In einem personalisierten Lern-Lehrprozess werden damit die Urheberschaft und Führerschaft der Lernenden betont. Dieser Aspekt der Urheberschaft unterscheidet Personalisierung von Individualisierung. Bei der Individualisierung wird bislang tendenziell eher lehrseitig gedacht, d. h. der Prozess des Lernens weitgehend von der Lehrkraft didaktisch geplant und gesteuert. Dadurch gibt sie dem Geschehen *ihren* Fingerabdruck. Die Definition der Gruppe um die Schulpädagogin Claudia Solzbacher erweitert Individualisierung bzw. individuelle Förderung im zweiten Teil aber um Aspekte der Berücksichtigung der Persönlichkeit und zielt damit auch auf Personalisierung: „Unter individueller Förderung verstehen wir alle pädagogischen Handlungen, die mit der Intention erfolgen, die Begabungsentwicklung und das Lernen jedes einzelnen Kindes zu unterstützen, unter Aufdeckung und Berücksichtigung seines je spezifischen Potentials, seiner je spezifischen (Lern-)Voraussetzungen, (Lern-)Bedürfnisse, (Lern-)Wege, (Lern-)Ziele und (Lern-)Möglichkeiten. Ein wichtiger Ausgangspunkt ist dabei die Lebenssituation des Kindes. Zu diesen Handlungen gehört auch die professionelle Reflexion der Bedeutung der Beziehungsebene zwischen Pädagogen und Kind und die Reflexion des Verlaufs der Entwicklung emotional-sozialer und kognitiver Persönlichkeitsmerkmale. Darin eingeschlossen sind die – mit dem Kind gemeinsam zu gestaltenden – fördernden und fordernden Lernumgebungen und Lernprozesse.“[86] Personalisierung fokussiert noch einmal deutlicher auf die Perspektive der lernenden Person im Umgang mit der zu lernenden Sache und trägt der damit einhergehenden Unvorhersehbarkeit des Lernens Rechnung. Somit handelt es sich bei den Überlegungen zu Lernseitigkeit um die Forderung, das unplanbare Lernen der Schüler stärker zu berücksichtigen.

[84] Schratz & Westfall-Greiter (2010), S. 26
[85] Schratz & Westfall-Greiter (2010), S. 26
[86] Solzbacher et al. (2012), S. 5

FORUM: Persönlichkeitsbezug

DANIELA PEETZ	24.07.2017	10:33 UHR

In dem Ansatz der Personalisierung wird das lange propagierte „selbstbestimmte Lernen" nicht sehr positiv gesehen. Vielmehr gerät selbst bisher als „gut" eingestuftes Selbstlernmaterial in die Kritik. Viele Verlage haben jahrelang solche Lernmaterialien produziert und unter den Lehrkräften dankende Abnehmer gefunden. Wenn ich es richtig verstehe, ist bisher bei der Erstellung eines Materials durch eine Lehrkraft zwar versucht worden, die Perspektive des Lernenden zu antizipieren, es bleibt aber immer der Blickwinkel des jeweiligen Lehrers. Er kann nicht wissen, wie die Lebenswelt des jeweiligen Schülers aussieht, woran gerade aktuell Interesse besteht. Das Material ist für die einzelnen Mitglieder einer Schülergruppe erstellt, von der man aufgrund von Alter und Umfeld voraussetzt, dass sie daran Interesse haben werden und es leistungsmäßig den üblichen Anforderungen und dem Curriculum entspricht. Das reicht aber für ein lernseitig strukturiertes Lernmaterial nicht aus. Will ich nicht nur im Klassenplenum arbeiten, sondern auch Einzel-, Tandem- und Gruppenarbeit zum geforderten personalisierten Lernen einsetzen, so muss ich Selbstlernmaterial anbieten, das Raum lässt, die eigene aktuelle Befindlichkeit und die eigene Lebenswelt einzubringen. Nur so ist es offensichtlich gewährleistet, dass ein Schüler eine Sache versteht und effektiv und nachhaltig lernt. Heißt das, dass ich „lehrseits" einiges vorgeben kann, dann aber wie in einem interaktiven Geschehen „Entscheidungsknoten" einbaue, an denen der Lernende für sich entscheidet, was er lernt und wie er es lernt? Spätestens dann entzieht sich der Prozess meiner Kontrolle. Wie soll ich jetzt noch gewährleisten, dass das Gelernte korrekt und lösungsfokussiert ist? Als Lehrer kann und will ich aber die Verantwortung für das Lernen meiner Schüler nicht einfach abgeben. Eine Konsequenz wäre es, auf Material zum Selbstlernen völlig zu verzichten. Es wäre aber sicher auch nicht richtig, nur noch auf Lernprozesse zu setzen, in denen ausschließlich die Beziehung zwischen Lehrenden und Lernenden eine Rolle spielt. Das wäre einerseits zeitlich und organisatorisch gar nicht leistbar und würde andererseits auch Differenzierungen nach Neigung und Leistungsfähigkeit unmöglich machen. Ebenso wäre die Förderung von Selbstständigkeit nicht mehr angesagt, und eine fachlich-sachliche Auseinandersetzung innerhalb einer Schülergruppe käme auch nicht mehr vor. Wie kommt man im Schulalltag aus diesem Dilemma heraus?

ULRIKE BERGSTEDT	27.07.2017	14:04 UHR

Ja, das ist wirklich ein Musterwechsel: Im klassischen Unterricht setzt eine Lehrkraft ihre ganze Professionalität ein, um den Unterricht didaktisch klug zu inszenieren, etwa durch die Passung der Übungsaufgaben, das Vorbereiten differenzierter Arbeitsmaterialien, die Beistellung einer anregenden Lernumgebung. Das sind alles wichtige Aspekte, denn die Lernseitigkeit setzt eine Lehrseitigkeit, d. h. Professionalität im Lehrerberuf, voraus – und wie! Allerdings erfolgt das Lernen der Schüler erst im Vollzug – und genau der ist nicht planbar. Er ist auf die Erfahrungen angewiesen, die alle Beteiligten im Unterrichtsgeschehen machen. „Lernseits" heißt aus deren Perspektive: Werde ich so wahrgenommen, wie ich bin? Welche Rückmeldung erhalte ich für meine nächsten Schritte? Wird mir zugetraut, dass ich es schaffe? Allein diesen drei Fragen aus lernseitiger Orientierung nachzugehen, verändert den Zugang zum Unterricht in Richtung Lernseitigkeit und verändert auch das konventionelle Muster von didaktischer Umsetzung.

	SVEN MEINERT	29.07.2017	11:13 UHR

Das ist eine immense Herausforderung, vor allen Dingen, wenn man bedenkt, dass die individuelle Förderung in deutschen Schulen noch nicht annähernd befriedigend umgesetzt wird. Und jetzt soll ich zudem noch die Perspektive der einzelnen Schüler mit betrachten, mögen viele denken. Was für ein Aufwand in einer Klasse mit 30 Kindern! Ich kann mir das in der Praxis nur ganz schwer vorstellen. Heißt das, Lehrkräfte sollen und können jetzt gar keinen Unterricht mehr vorbereiten, oder heißt das, ich muss quasi ständig neben jedem Kind stehen, gucken, was es für Bedürfnisse hat, und dann für jedes Kind ein eigenes didaktisches Setting überlegen? Ist das so ganz anders als das, was wir jetzt mit innerer Differenzierung oder Ähnlichem meinen?

	CHRISTINE BUNGE	30.07.2017	17:12 UHR

Ja, das ist es wohl! Die innere Differenzierung gibt immer den Lernvorgang aus der Sicht des Lehrenden vor, während hier der jeweilige Schüler von einem bestimmten Zeitpunkt an das Lernen auch didaktisch mitbestimmt. Das heißt, für eine Unterrichtsreihe, z. B. im Bereich Theater, gibt die Lehrkraft eine Einführung, beobachtet dann, wie die Gruppe damit umgeht, und nimmt in der Folge aufgrund der Bedürfnisse eines Kindes oder mehrerer Schüler etwas heraus, um daran weiterzuarbeiten. Die Personalisierung bestünde dann darin, dass auch kleine Gruppen von Schülern sich mit bestimmten Bereichen befassen, die sie im Grunde durch ihr Verhalten/durch ihre Antworten darauf vorgegeben haben. Das bedeutet, dass Lehrkräfte ihren Unterricht nur noch thematisch, aber nicht mehr vom Ablauf her planen können.

	SVEN MEINERT	02.08.2017	12:50 UHR

Und das wäre dann Personalisierung? Wenn also nicht das didaktische Konstrukt, sondern die Bildung der jungen Menschen, die es in der Beziehung zur Welt zu stärken gilt, im Fokus der Aufmerksamkeit steht? Sucht hier nicht bei diesem Beispiel auch die Lehrerin wieder das aus, was ihr am besten gefällt? Und eine zweite Frage: Vielleicht könnte ich mir das sogar im Rahmen eines Theaterprojektes noch vorstellen, aber wie funktioniert das im Chemie-, Physik- oder Mathematikunterricht?

	CHRISTINE BUNGE	03.08.2017	06:07 UHR

Eine Lehrkraft lässt sich meist davon leiten, was sie kennt, wo sie sich sicher fühlt. Die Frage ist, wieviel Freiheitsgrade die Schüler in der unterrichtlichen Gestaltung erhalten – sowohl inhaltlich wie auch gestalterisch. In einer lehrseitigen Orientierung sind die Aktivitäten der Schüler eng an die Vorgaben der Lehrkraft gebunden: Die Schülerprodukte werden daran gemessen, wie weit sie den vorgegebenen Erwartungen (z. B. der Lehrkraft oder des Lehrplans) entsprechen. Je mehr

Lehrer Interesse an den einzelnen Schülern, an deren Themen und Interessengebieten entwickeln, umso lernseitiger zeigt sich der Unterricht. Damit wachsen auch die Freiheitsgrade für die Aktivitäten der Schüler. Das fällt Lehrern oft viel schwerer, da die Leistungsbeurteilung nicht mehr standardisiert durchführbar ist. Eine solche Erfahrung machen Besucher der Grundschule auf dem Süsteresch in Schüttorf, die 2016 den Deutschen Schulpreis gewonnen hat: Hier arbeiten die Schüler jeden Tag 110 Minuten in fächerübergreifender Aufgabenvielfalt in unterschiedlichen Lernateliers – im Austausch mit ihren Mitschülern sowie den Lehrkräften - an eigenen Lern- und Lösungswegen, was eine sehr positive Lernkultur erfahren lässt. Dabei wachsen sie meist über die Erwartungen ihrer Lehrkräfte hinaus, was sich auch in den Rückmeldungen der Eltern zeigt: Aus ihrer Sicht bietet die lernseitige Orientierung den Schülern Sicherheit zur Entwicklung ihrer Persönlichkeit, macht sie neugierig und mutig und regt sie an, sich mit Neuem auseinanderzusetzen und überdurchschnittliche Leistungen (z. B. in VERA) zu erreichen.

Jedes Lernen fördern: Erfahrungen an der Grundschule auf dem Süsteresch

Kinder besitzen einen natürlichen Wissensdurst und Forscherdrang. Neugierig stellen sie Fragen an ihre (Um-)Welt. Sie wollen Erfahrungen machen, sich ausprobieren, in ihrem persönlichen Tempo lernen und voranschreiten. Ein Unterricht im Gleichschritt, bei dem alle Kinder zur gleichen Zeit dasselbe lernen sollen, kann das Kind in seiner Einzigartigkeit und Kreativität sowie mit seinen persönlichen Fähigkeiten nicht effektiv fördern und fordern. Unserer Auffassung nach muss das Lernen dementsprechend so personalisiert werden, dass es zum jeweiligen Entwicklungsstand des Kindes passt. Dabei findet das Lernen im optimalen Fall vom Kind aus statt, d. h. das Kind entscheidet selbst über den nächsten Lernschritt. Aus diesem Grund implementierten wir neben dem Fachunterricht eine tägliche Selbstlernzeit, die hundertzehn Minuten umfasst. Über Fächergrenzen hinaus planen, entdecken, erkunden, beobachten, experimentieren und dokumentieren die Schüler. Interessengeleitet arbeiten sie mit selbst gewählten Materialien, oftmals an eigenen Produkten, den sogenannten Eigenproduktionen. So schreiben sie Geschichten, Briefe, Gedichte, Sachtexte in ihr eigenes Reisetagebuch oder bereiten Präsentationen zu selbst gewählten Themen vor. Dafür stehen Plakate ebenso wie der Rückgriff auf Programme wie Powerpoint zur Verfügung. Kinder recherchieren in Sachbüchern oder im Internet. Sie lesen während frei wählbarer Lesezeiten in Büchern, die sie sich in unserer umfangreichen Bücherei entsprechend ihrer Vorlieben ausleihen. Ferner zählen, ordnen, strukturieren die Kinder beispielsweise große Mengen gleicher Objekte, erfinden Rechengeschichten im individuellen Forscherheft, legen, zeichnen Muster und verfassen Forscherberichte zu ihren mathematischen Entdeckungen. Ihre Lernergebnisse notieren sie in die vom Mitarbeiterteam entwickelten Dokumentationshefte. Während der Selbstlernzeit bestimmen die Kinder ihren Lernort. Neben Klassenraum und Flurbereich stehen nach dem Klassenraum-plus-Prinzip ebenfalls unsere thematischen Lernateliers zur Verfügung. Dabei entscheiden die Lernenden, ob sie allein, mit einer Partnerin oder einem Partner oder aber in der Gruppe arbeiten. Bei uns lernen nicht alle Kinder zur selben Zeit das Gleiche, sondern jedes Kind wird in die Verantwortung genommen, sich aktiv mit seinem Bildungsprozess auseinanderzusetzen, sein Lernen im Rahmen seiner Planungskompetenz mitzugestalten. Das soziale Lernen wird ebenso wie das Peer-to-Peer-Learning aktiviert. Kinder unterstützen und helfen sich gegenseitig, erklären sich Schwerpunkte ihrer Arbeit und beantworten Fragen, die sie an die Welt, an sich und an ihre Umgebung stellen. Alle Kinder unserer Schule können dem eigenen Lerntempo folgen, dabei Freude am Arbeiten und Stolz auf eigene Lernprodukte entwickeln. Sie übernehmen Verantwortung für ihr Lernen, lernen in Kontexten und erfahren sich als selbstwirksam. Die oben genannten wichtigen Kompetenzen für nachhaltige Bildung erreichen wir nicht durch äußere Disziplinierung und permanente Regulierung, sondern dadurch, dass Kinder ein positives Selbstbild und Vertrauen in ihre eigenen Fähigkeiten entwickeln. Wir gehen mit unseren Schülern nicht auf Konfrontation, sondern beraten, unterstützen und zielen auf Kooperation. Der sonst oft eher langweilige Lehrstoff wird durch die lebenswirklichen Kontexte für Kinder zum spannenden eigenen, persönlichen Lerninhalt und das gefährliche oberflächliche Auswendiglernen von Inhalten oder Techniken wird reduziert. Von uns entwickelte Lernlandkarten übersetzen die Inhalte der Curricula auf Kinderniveau und helfen den Lernenden ihren Lernfortschritt übersichtlich zu visualisieren. Sie stehen den Kindern für ihre tägliche Arbeit zur Verfügung und dienen als Grundlage für Lerngespräche, Beratungen oder Zielvereinbarungen. Das konzentrierte Lernen in einer ruhigen Atmosphäre steht im Mittelpunkt. *„Wie beim Fußballtraining geben wir hundert Prozent"*, so lautet eine der wenigen formulierten Regeln an unserer Schule. Wir Lehrkräfte beobachten und unterstützen Kinder darin, sich ihrer Stärken und Schwächen ebenso wie ihrer Interessen und Neigungen bewusst zu werden. Lernprodukte besprechen die Kinder direkt mit der Lehrkraft oder legen diese in den „Lehrer-Tresor", um am nächsten Tag ein persönliches Feedback zu bekommen. Jede Selbstlernzeit endet mit einer Präsentationsphase im Kreis. Hier erhalten unsere Kinder Raum und Zeit, ihrer Gemeinschaft Entdecktes vorzustellen, Rückmeldung und konstruktive Tipps von Klassenkameraden zu erhalten und sich über Probleme auszutauschen. Anstrengungen werden wertgeschätzt, Lernideen ausgetauscht. Die Ergebnisse ihrer Forscheraufgaben präsentieren die Kinder mithilfe verschiedener Präsentationsformen (Vortrag, Plakat, Forscherbericht, Ausstellung, „PowerPoint" usw.). In der Gruppe wird somit über Gelerntes und Erfahrenes gesprochen, Schülerprodukte werden zum Inhalt, Kommunikation über Lernprozesse findet implizit statt. Durch die ritualisierte Implementierung des Kreises als Abschluss der Selbstlernzeit realisieren wir den Brückenschlag zwischen einzelnem Kind und Gruppe. Am Ende der Schulwoche reflektieren die Kinder ihre Anstrengungsbereitschaft und ihren Lernprozess. Als Zeichen gegenseitiger Wertschätzung präsentieren Schüler besondere Produkte anderen in der Schulversammlung oder stellen diese im Schulhaus aus.[87]

[87] Die Einblicke in die Grundschule auf dem Süsteresch verdanken wir Draber & Brinker (2017), S. 44–47

FORUM: PERSÖNLICHKEITSBEZUG

	CHRISTINE BUNGE	04.08.2017	21:05 UHR

Es erfordert eine hohe Sensibilität der Lehrkraft, auf die sich zeigenden Bedürfnisse der Schüler einzugehen. Aber es ist möglich, wenn die Schüler mit der Zeit diese Kultur begreifen und wissen, dass sie diejenigen sind, die mitbestimmen, was gelernt wird. Das geht im Normalfall einer lernseitigen Orientierung so weit, dass der einzelne Schüler mitbestimmt, wie eine Thematik jeweils aufgegriffen wird. Das mag im Bereich des Erzählens sehr einsichtig sein, das ist sicherlich schwieriger in Fächern, in denen qua Sache oder Objekt des Lernens sehr viel mehr vorgegeben ist. Das bedeutet, dass lehrgangsbezogener Unterricht immer mehr in den Hintergrund tritt, was nicht bedeutet, dass er aufgegeben wird. Das heißt tatsächlich auch, dass möglicherweise bei 25 Kindern in einer Klasse 25 verschiedene Lerngelegenheiten, Methoden oder Zugänge eingeschlagen werden, wie es das Beispiel der Grundschule auf dem Süsteresch nahelegt.

	FREDERIK STOLLER	05.08.2017	09:23 UHR

So wundert es nicht, wenn man im Unterricht der Oberstufe an skandinavischen Schulen erlebt, dass Schüler nicht mehr in klassenweisen Lehrgängen, sondern an ihren jeweiligen Herausforderungen arbeiten.

5. Kerngedanke: Kompetenzorientierung

Martin, Miriam, Frau Meisen

Die Schüler der 10b befinden sich im Computerraum. In der vorangehenden Stunde haben sie im Rahmen des Praxisunterrichts „Technisches Zeichnen" von ihrem Fachlehrer den Auftrag bekommen, eine Wohnung behindertengerecht einzurichten. Auf dem Aufgabenblatt, das sie erhalten haben, sind die Grundrisse der Wohnung bereits vorgegeben. Nun sollen sie noch einzelne Räume abteilen sowie einrichten. Die Biologielehrerin, Frau Meisen, die abwechselnd mit dem Fachlehrer den Praxisunterricht leitet, schreitet von einer Gruppe zur nächsten und berät die Jugendlichen, welche Einrichtungsgegenstände vonnöten sein könnten. Zwei Gruppen von Jungen und Mädchen unterhalten sich lautstark über ihre Wohnungsplanungen. Bis auf Martin zeichnen alle Schüler die Einrichtungsgenstände händisch ein. Martin hat den Kopf tief über sein Blatt gebeugt und den Kopfhörer seines Handys ins rechte Ohr eingestöpselt. Im Gegensatz zu seinen Mitschülern misst er die Grundrisse mit einem Geodreieck ab und überträgt diese dann auf sein AutoCAD-Programm. Sein Blick klebt am Computer, die Lippen hält er fest aufeinandergepresst. Geschickt hantiert er mit Lineal und Maus. Immer wieder gleitet sein Blick vom Grundriss auf dem Blatt auf die entstehenden Umrisse auf dem Bildschirm. Wiederholt löscht er eine bereits eingezeichnete Strecke wieder aus. Lachen und Rufe hallen durch die Klasse. Martin scheint all dies um sich herum nicht wahrzunehmen. Mehrmals zoomt er seine Zeichnung heran, dann wieder weg. „Hat jemand einen schwarzen, dicken Stift?", schreit Miriam plötzlich durch die Klasse. Einige Schüler schütteln den Kopf. Miriams Blick fällt auf Martin, der reglos auf seinen Bildschirm starrt. Sie pirscht sich an ihn heran, stellt sich dicht hinter ihm hin und brüllt ihre Frage nochmals direkt in sein linkes Ohr. Martin reißt den Kopf in die Höhe und dreht sich verdattert um. „Was?", keucht er mit weit aufgerissenen Augen. „Schwarzer Stift!", stößt Miriam genervt aus. Martin greift in seine Griffelschachtel, schnappt sich einen schwarzen Stift, drückt ihn ihr in die Hand und wendet sich sofort wieder seinem Computer zu[88].

In der skizzierten Vignette befinden sich die Schüler im Computerraum. Allein oder in der Gruppe sind sie angehalten, eine bestimmte Aufgabenstellung zu bearbeiten. Die Aufgabe wurde den Schülern bereits in der vorangehenden Stunde vom Fachlehrer erklärt. Nun sollen sie der Lösung eigenständig auf die Spur kommen. Die genaue Ausführung der Lösungswege obliegt damit den Jugendlichen. In der Vignette sticht insbesondere das unterschiedliche Vorgehen der Schüler ins Auge: Während der Großteil der in der Klasse Anwesenden damit beginnt, die Räume händisch abzuteilen und die Einrichtung mit der Hand einzuzeichnen, wählt Martin als Einziger einen davon abweichenden Weg. Er überträgt die vorgegebenen Grundrisse zuerst auf das AutoCAD-Programm zum Erstellen technischer Zeichnungen. Das technische Hantieren mit Linien, Kreisen und Bögen ist in einem ersten Schritt zeitaufwendiger als das händische Einzeichnen. Während seine Klassenkameraden sofort mit dem Einzeichnen beginnen, muss Martin noch mit dem Einrichten warten. Sobald er die Grundrisse jedoch übertragen hat, kann er den zeitlichen Abstand zu seinen Mitschülern locker aufholen,

[88] Agostini (2017), unveröffentlicht

da er nur mehr auf bereits abgespeicherte Programmvorlagen für Einrichtungsgegenstände zurückgreifen muss.

Das inhaltliche Ziel der Unterrichtsstunde besteht darin, eine Wohnung in unterschiedliche Zimmer einzuteilen und diese Wohnung dann nach behindertengerechten Maßstäben einzurichten. Laut Bildungsstandards für das Fach Technik, die sich an den Empfehlungen der Kultusministerkonferenz (KMK) ausrichten und auf den Zuwachs von Kompetenzen abzielen, sollten technisch gebildete Schüler am Ende der Klasse 10 in der Lage sein, im Prozess technischen Handelns Probleme zu analysieren, zu beurteilen, sich für eine Lösung zu entscheiden und diese zu begründen. In den Rahmenlehrplänen der Bundesländer sind solche Fähigkeiten und Fertigkeiten, die am Ende eines Schuljahres aufgrund von Kompetenzen erreicht werden sollen, detailliert aufgelistet. Zu den für das Unterrichtsfach Technik ausformulierten Handlungserwartungen gehört es, die Problemstellung mithilfe von Arbeitsmaterial zu analysieren, die zum Zeichnen notwendigen Daten der Einrichtungsgegenstände zu ermitteln, einen Grundriss der Wohnung nach den gängigen Darstellungsregeln anzufertigen, gegebenenfalls computergestützt, sowie einen Vorschlag für die Einrichtung der Wohnung zu erarbeiten und zu ergründen. Das Anforderungsniveau der Aufgabenstellung sollte produkt- und prozessbezogen bewertet werden. Grundlage der Notengebung sind u. a. die Analyse der Aufgabenstellung, der Grad der Selbstständigkeit, die Begründung der getroffenen Entscheidungen, die Qualität der Produkte und auch der sachgerechte Umgang mit den Materialien.[89] In der einführenden Vignette ist den Schülern der Weg hin zum Ziel, die Bewältigung der Aufgabenstellung, überlassen. Im Sinne der Kompetenzorientierung zielt der Unterricht auf eine bestimmte Performanz bzw. ein spezifisches Können ab, wofür ein bestimmtes Wissen vorausgesetzt wird. Auf welchem Weg dieses Können erworben wird, bleibt offen.

Kompetenzen

Was mit Kompetenzen gemeint ist, wird in der einschlägigen Literatur je nach wissenschaftlicher Ausrichtung und dem jeweiligen Praxisbereich unterschiedlich diskutiert. In der Pädagogik wird der Kompetenzbegriff häufig dem Qualifikationsbegriff gegenübergestellt. Im Gegensatz zu Qualifikationen zielen Kompetenzen darauf ab, die benötigten Fähigkeiten einer Anforderung näher mit der Person zu verknüpfen und den Blick stärker auf ihre umfassende individuelle Regulationsfähigkeit zu richten.[90] Besonders einflussreich ist die Begriffsdefinition des Psychologen Franz E. Weinert geworden, da sie leitend ist für Bildungsreformen der Kultusministerkonferenz (KMK) wie die Einführung der Bildungsstandards in Deutschland und Österreich. Anhand der Bildungsstandards sollen die Ergebnisse schulischen Lernens verglichen, nach bundesweit einheitlichen Standards beschrieben und nach bestimmten Klassenstufen überprüft werden können. Nach ihnen werden Kompetenzen definiert als „die bei Individuen verfügbaren oder durch sie erlernbaren kog-

[89] VDI (2007), S. 14f.
[90] Arnold & Schüßler (1998)

nitiven Fähigkeiten und Fertigkeiten, um bestimmte Probleme zu lösen, sowie die damit verbundenen motivationalen, volitionalen und sozialen Bereitschaften und Fähigkeiten, um die Problemlösungen in variablen Situationen erfolgreich und verantwortungsvoll nutzen zu können“ [91]. Kompetenzen weisen demnach zwei zentrale Dimensionen auf:

1. Wissen (kognitive Strukturen, Einstellungen, Haltungen, Einsichten)
2. Handeln (konkretes Tun, Aktivitäten)

Kompetenz umfasst demzufolge all jene Ressourcen, die eine Person dazu befähigen, konkrete Anforderungssituationen eines bestimmten Typs zu bewältigen. Eine Kompetenz zeigt sich dann, wenn der Transfer von Kenntnissen und Fertigkeiten in eine neue Situation gelingt. Sie äußert sich in der Performanz bzw. dem Können, also in der tatsächlich erbrachten Leistung, und kommt dadurch dem Anspruch auf Outputorientierung und Evidenzbasierung entgegen, die in Deutschland und Österreich im Bildungssystem eng mit der PISA-Studie verknüpft sind. Erst die erfolgreiche, beobachtbare Bewältigung einer Situation verweist auf eine vorhandene Kompetenz bzw. die damit in Zusammenhang stehenden Fertigkeiten, Fähigkeiten und Kenntnisse. Ein wesentliches Merkmal von Kompetenz ist damit die dauerhafte Verfügbarkeit von Wissen zum Handeln in wechselnden Situationen.[92]

In der Schule wurden auf der Basis von Kompetenzen in Form von nationalen Bildungsstandards neue Lehrpläne oder Rahmenrichtlinien erarbeitet. Bildungsstandards greifen zentrale Bildungsziele auf und benennen die dafür erforderlichen Kompetenzen, die den Schülern vermittelt werden müssen. Sie legen fest, was Kinder und Jugendliche bis zu einer bestimmten Jahrgangsstufe können sollen. Die Kompetenzen sollen so konkret beschrieben werden, dass sie in Aufgaben umgesetzt und überprüft werden können. Sie formulieren somit auch Anforderungen an das Lernen und Lehren in der Schule. In einer praxisrelevanten Sichtweise können Kompetenzen nach Udo Klinger und Wolfgang Bunder als der handelnde Umgang mit Wissen verstanden werden. In Bezug auf den konkreten Unterricht bedürfen die relativ abstrakt formulierten Kompetenzen einer inhaltlichen und methodischen Konkretisierung.[93] In ihrer Kompetenzmatrix, die sie auf der Grundlage der Bildungsstandards entwickelt haben, unterscheiden sie deshalb vier unterschiedliche Dimensionen des handelnden Umgangs mit Wissen: Wissen gewinnen, Wissen anwenden, Wissen kommunizieren und (mit) Wissen bewerten. Während Wissen allein noch keine Kompetenz darstellt, ist Kompetenz auf Wissen angewiesen. Die Anwendung von Wissen wird als Kompetenzentwicklung der Schüler verstanden. Die Kompetenzmatrix stellt eine strukturierte Arbeitshilfe zur kompetenzorientierten Unterrichtsplanung dar. Sie wurde in der Lehrerfortbildung, bei Studientagen sowie in der Beratung und Unterstützung von Fachgruppen eingesetzt und laufend weiterentwickelt.[94]

91 Weinert (2001), S. 27f.

92 Vgl. Klinger & Bunder (2006), S. 14

93 Für weitere Informationen sowie Fortbildungskonzepte und -materialien zur kompetenz- bzw. standardbasierten Unterrichtsentwicklung siehe die Homepage des KMK-Projekts „FOR.MAT.“, URL: http://www.kmk-format.de.

94 Siehe dazu: Klinger & Bunder (2006), S. 15

Werden Kompetenzen als der handelnde Umgang mit Wissen verstanden, der sich im Können zeigt, so können Kompetenzen nicht gelehrt, sondern nur handelnd erworben werden. Kompetenzen basieren auf Wissen und entfalten sich beim Lernen, im handelnden Umgang mit der Welt. In einer lernseitigen Sichtweise dürfen Kompetenzen dabei nicht lediglich in vorgegebene Alternativen des Nicht-Könnens oder Könnens transformiert werden oder aber auf das Beherrschen und Kontrollieren von Wissen und Können abzielen. Damit Lernen und damit Kompetenzerwerb im Unterricht gelingt, ist eine Perspektive vonnöten, die nicht nur zwischen Wissen/Nicht-Wissen und Können/Nicht-Können unterscheidet, sondern den Weg der Entwicklung vom (Vor-)Wissen hin zum Können und damit ganz unterschiedliche Möglichkeiten zwischen einem Noch-nicht-Wissen und einem Noch-nicht-Können in den Blick nimmt. Kompetenzorientiert unterrichten würde dann bedeuten, Unterricht so zu gestalten, dass im Lernen unterschiedliche Handlungsmöglichkeiten eröffnet und verschiedene Formen des Könnens erworben werden. In einer lernseitigen Perspektive interessiert in Bezug auf Kompetenzen insbesondere, wie Lehrkräfte mit bestehenden Wissensstrukturen umgehen und den Erwerb weiteren Wissens sowie Könnens unterstützen. Wie können Handlungserwartungen, auch jene der Lehrkraft, durchkreuzt werden, damit sich für Lernende und Lehrende weitere Handlungsmöglichkeiten eröffnen?

Dabei sollten wir nicht vergessen, dass Schüler bereits ein vielfältiges Wissen besitzen. Dieser Erfahrungshorizont, der sich innerhalb der vor- und außerschulischen Handlungs-, Wahrnehmungs- und Denkvollzüge bildet, wird nicht etwa durch das Lernen in der Schule außer Geltung gesetzt. Dieser Erfahrungshorizont bestimmt vielmehr als mehr oder weniger ausdrückliches Vorwissen den Gang des Lernens und den handelnden Umgang mit der Welt. Dieses Vorwissen zeigt sich in der einleitenden Vignette beispielsweise darin, dass die Schüler jeweils bestimmte Wege beschreiten, die Einrichtungsgegenstände z. B. händisch oder aber mit dem AutoCAD-Programm einzeichnen. Beide Vorgehensweisen zeigen einen handelnden Umgang mit Wissen und führen auf unterschiedlichem Wege zu einem Können wie beispielsweise dem Anfertigen eines Grundrisses. Dieses Vorwissen macht sich aber auch als Sich-Zutrauen bemerkbar. Dies ist am Beispiel von Martin daran erkennbar, dass er als einziger einen anderen Weg als seine Mitschüler beschreitet und ganz in seiner Tätigkeit aufgeht. Das Vorwissen ist die Bedingung für einen handelnden Umgang mit der Welt, kann ein Dazulernen aber auch verhindern, weil die Lernenden an bereits bekannten Mustern oder bereits als erfolgreich eingestuften Handlungen festhalten. Dies würde bedeuten, dass sie ihr Wissen immer nur in einer bestimmten Art und Weise zur Anwendung bringen und nur eine Form des Könnens ausbilden. Kompetenzorientierter Unterricht darf deshalb nicht davon ausgehen, dass alle Schüler dasselbe Wissen besitzen, sodass ihnen dieselben Handlungsmöglichkeiten offenstehen.

Um Bildungsbenachteiligungen zu vermeiden, sollten Lehrer darauf achten, dass jenes Wissen, das für ein Handeln und Können und damit für den Erwerb von Kompetenzen vonnöten ist, auch wirklich in der Schule erworben werden kann. Schule sollte zudem die Möglichkeit bieten, dass alle Schüler das Wissen auch in neuen Handlungsfeldern erproben können bzw. umgekehrt Räume öffnen, um handelnd und erprobend zu neuem Wissen zu kommen. Für uns Lehrer stellt sich deshalb die Frage, wie sinnstiftende Aufgabenstellungen ausschauen können, die ganz unterschiedliche Lösungsmöglichkeiten vorsehen? Welche Aufgaben sind vonnöten, die den einzelnen Schüler immer wieder zu anderen Lösungswegen herausfordern? Dafür braucht es ein Lehren, das dazu nötigt, das bereits bestehende Vorwissen nicht nur zu verbessern, sondern aufs Spiel zu setzen. Die in der Klasse anwesende Biologielehrerin Frau Meisen agiert in der Vignette lediglich als Beraterin und Prozessbegleiterin. Gemeinsam mit ihren Schülern diskutiert sie mögliche Lösungswege, greift aber nicht direkt in das Unterrichtsgeschehen ein. Konsequenz dieser eingenommenen Lehrerrolle kann sein, dass sich die Einzelnen mit dem Ziel, „auf Nummer sicher" zu gehen und auf keinen Fall zu scheitern, an bereits bekannte Vorgehensweisen halten. So bindet die Gewohnheit Schüler an das Vertraute, was auch bedeuten kann, dass sie Lernchancen verpassen.[95] In der Umsetzung kompetenzorientierten Unterrichts aus lernseitiger Perspektive stellt sich deshalb die Frage, wie Schüler immer wieder dazu gebracht werden können, von routinierten Wegen abzuweichen und neue zu beschreiten – auch über angezielte Kompetenzen hinausgehend.

Im Hinblick auf Kompetenzen tut sich auf der Seite des Wissens bei uns Lehrenden die Frage auf, wie wir bei den Schülern Neugier, Erkenntnis und Interesse am Erwerb neuen Wissens wecken können. Auf der Seite des Könnens steht einerseits die Etablierung von Routinen und Gewohnheiten, die eine spontane und situationsgerechte Abrufbereitschaft erwobener Kenntnisse für Entscheidungsprozesse und Handlungen ermöglichen. In einer lernseitigen Perspektive interessiert dabei jedoch vor allem die Frage, wie von Gewohnheiten und Routinen immer wieder Abstand genommen werden kann. Nur dann können wir den Entscheidungs- und Handlungsspielraum unserer Schüler immer wieder aufs Spiel setzen.

In lernseitiger Hinsicht zeigt sich der Vollzug von einem Wissen hin zu einem Können und damit der Erwerb von Kompetenzen keineswegs als linearer und effektiv planbarer Pro-

[95] Vgl. Meyer-Drawe (2013b), S. 91f.

zess. Gerade Phänomene des zeitverzögerten Aufgehens in einer Sache, des Zögerns, des Eingestehens von Inkompetenz und des Infragestellens von bereits Bekanntem führen dazu, bestehendes Wissen handelnd zu erweitern und neue Formen des Könnens zu erproben. Kompetenzorientiert „lernseits" unterrichten bedeutet, sich im handelnden Umgang mit Welt gemeinsam mit den Schülern für eine Handlungsmöglichkeit zu entscheiden, sie aber auch dazu zu befähigen, für zukünftige Erfahrungen des Könnens offen zu bleiben.

FORUM: Kompetenzorientierung

 BIRGIT LENZ 14.08.2017 15:47 UHR

Mir sind in meiner Schulpraxis immer wieder Kinder und Jugendliche begegnet, die man als „besonders begabt" oder „hochbegabt" bezeichnen könnte. Eigentlich dachte ich, dass die lernseitige Orientierung speziell diesen Kindern und Jugendlichen in besonderer Weise gerecht werden könnte. Sie bringen manchmal Kompetenzen mit, die im Rahmen schulischer Lehr- und Lernpläne gar nicht abbildbar sind. Als lernseitig orientierter Lehrer freue ich mich darüber, dass ich endlich einen Weg gefunden habe, der Individualität oder Originalität einen Raum zu geben. Aber dann schlägt die offizielle Keule der Gleichmacherei durch die Standards zu.

FREDERIK STOLLER 15.08.2017 08:11 UHR

Standards sind eigentlich nicht dazu gedacht, alle Lernvorgänge zu vereinheitlichen – sie sollen ja dazu verhelfen, die Leistungen von Schülern – jenseits der eigenen Notengebung – einordnungsfähig zu machen. Hier sehe ich für besonders begabte Schüler keine Grenze, Leistungen über die vorgegebenen Standards hinaus zu fordern. Sie benötigen ja geradezu eine Herausforderung, die ein am Durchschnittsstandard ausgerichteter Unterricht selten ermöglicht! Hier gilt es, gemeinsam mit ihnen jene Aufgaben zu finden, die sie in Anspruch nehmen. Der kanadische Lernforscher Kearan Egan betont hierzu vor allem die persönliche Beschäftigung mit dem Inhalt einer gestellten Aufgabe, die über emotionale Bindung (neues) Wissen erzeugt. Er spricht vom „heroischen Moment", der dem Wundersamen innewohnt. Das vom Heroischen ausgelöste Staunen bindet emotional an das Thema und fordert zum Nach- oder Vordenken auf. Das gilt aber auch für die Lehrkraft, die hier ins Staunen kommt und dabei Erfahrungen macht, die weit über die didaktische Planung und damit verbundene Erwartungen hinausgehen.

BIRGIT LENZ 16.08.2017 19:45 UHR

Es ist leicht gesagt, dass wir als Lehrer da einen Freiraum hätten, den es nur zu nutzen gälte. Häufig wird uns gesagt, wir seien nicht mutig genug, im Interesse der Personalisierung von Schülern auch mal von Vorgaben der Schulverwaltung abzusehen und eigene, ungewöhnliche Wege zu gehen. Wäre durch das lernseitig orientierte Unterrichten da nicht eine Tür, die man nutzen könnte, um den vorgegebenen starren Regeln bei der Kompetenzbeschreibung zu entkommen? Das hieße aber, dass nicht nur alle Kollegen meiner Schule die Idee der Lernseitigkeit aufgreifen und umsetzen, sondern dass auch eine Ministerialbürokratie sehr viel flexibler werden müsste, um Personalisierung in der Beschreibung von Kompetenzen und bei ihrer Beurteilung zuzulassen. Bisher steckt hinter den offiziell beschriebenen Forderungen der Wunsch nach Vergleichbarkeit, aber gerade ein solcher ist wenig realistisch, wenn ich „lernseits" unterrichte und bei Schülern auch ungewöhnliche, nicht vorhersehbare Wege zulasse. Außerdem tue ich mich schwer damit, Individuen zu vergleichen. Aber ich bekomme dann nicht selten Schwierigkeiten mit den geltenden Rahmenvorgaben. Ich brauche als Lehrer eine gewisse Sicherheit und Garantie, dass mein flexibles lernseitiges Handeln als Lehrkraft im Interesse eines personalisierten Lernens nicht nur toleriert, sondern von der Schulbehörde auch gewünscht und unterstützt wird.

FREDERIK STOLLER	16.08.2017	13:52 UHR

Gerade bei jenen Schulen, die im Deutschen Schulpreis erfolgreich sind, zeigt sich deutlich, dass eine lernseitige Unterrichtsführung im Sinne personalisierten Lernens zu überdurchschnittlichen Ergebnissen führt. Sie wird allerdings nicht von der einzelnen Lehrkraft getragen, sondern ist auf eine gute konzeptionelle Abstimmung im Hinblick auf die inhaltliche und organisatorische Ausrichtung in der Unterrichtsgestaltung zurückzuführen. Diese zeigt sich nicht nur innerhalb der Fachschaften, sondern auch über die Fachgrenzen hinaus, etwa über Jahrgangs- oder Stufenteams. Dabei hat die Schulleitung eine wichtige Unterstützungsaufgabe, welche auch die Absicherung gegenüber der Schulbehörde beinhaltet.

SVEN MEINERT	17.08.2017	18:33 UHR

Kompetenzbeschreibungen sollen so konkret wie möglich sein. Das kann ich nachvollziehen, wenn ich den Schülern über Kompetenzraster die Möglichkeit gebe, ihre Kompetenzen selbst einzuschätzen, wie es ja mittlerweile mit offenbar großem Erfolg an vielen als innovativ geltenden Schulen geschieht. Aber sagt z. B. ein Satz wie „Ich kann direkte in indirekte Rede umwandeln." wirklich etwas über die Kompetenz eines Schülers aus? Er oder sie hat offensichtlich eine grammatikalische Transaktion verstanden. Und in welchem Bereich ist die gezeigte Kompetenz jetzt anzusiedeln? Sätze dieser Art finden sich in vorgegebenen Kompetenzrastern. Wenn sie alle positiv abgehakt sind, darf der Schüler die nächste Lerneinheit beginnen. Ist das ein Resultat lernseitigen Lernens? Wohl kaum. Ich assoziiere damit eher „Programmiertes Lernen". Dies steht aber meiner Meinung nach einem lernseitigen Ansatz diametral entgegen. Was müssen aber Selbstaussagen leisten, damit die einzelnen Schüler ihre Lernerfahrungen einzuschätzen lernen? Oder sollte man lieber ganz auf sie verzichten, was ich auch schade fände?

FREDERIK STOLLER	19.08.2017	17:26 UHR

Für Kompetenzraster gilt dasselbe wie für die Bildungsstandards, deren Philosophie dahintersteht: Sie dienen als Mittel zum Zweck, mutieren aber manchmal zum Ziel der didaktischen Planung und Umsetzung. Wenn die Philosophie dahinter nicht berücksichtigt wird, verlieren sie ihre eigentliche Funktion und werden zum Selbstzweck: Nicht die abgehakte Erfüllung einer bestimmten inhaltlichen Aufgabe am Kompetenzraster ist für den Lernerfolg entscheidend, son-

dern die Tatsache, dass der Schüler in einer Alltagssituation, die diese Form erfordert, in der Lage ist, sie so einzusetzen, dass sie die jeweilige Handlungserwartungen der Beteiligten erfüllt. Wenn John Hattie fordert, das Lernen „sichtbar zu machen", meint er nicht die Abfrage einer Überprüfung zu verschriftlichen, sondern sich als Lehrer bewusstzuwerden, dass die gewünschte Wirkung, d. h. die Beherrschung des geforderten Lernziels im Hinblick auf die erwartete Verwendungssituation auch tatsächlich sichergestellt ist. Die Wirksamkeit des Lehrerhandelns ist immer nur „lernseits" in Erfahrung zu bringen, zeigt sich aber nicht unmittelbar in ausgefüllten Rastern, Testergebnissen oder Schulnoten.

SVEN MEINERT	19.08.2017	21:49 UHR

Das enthebt mich als Lehrer aber noch nicht der Verpflichtung, Leistung einschätzen und beurteilen zu müssen. Um diesen Prozess transparent zu machen, brauche ich Kriterien. Da wäre es folgerichtig, für personalisiertes Lernen für jeden Schüler eigene Kriterien für die Einschätzung der Leistung im Zeugnis zu haben. Und selbst dann heißt das ja noch nicht, dass ich die „Überraschungen", denen ich in lernseitigen Konstellationen ausgesetzt bin, berücksichtigen kann. Fazit: keine Vergleichbarkeit mehr, Gefahr der Beliebigkeit und ein immenser Aufwand für die einzelne Lehrkraft, oder?

FREDERIK STOLLER	20.08.2017	17:48 UHR

Es stimmt: Je enger ich die Kriterien für die Überprüfung von Leistung setze, umso größer ist die Vergleichbarkeit. Wenn aber bereits in der Einschulung die Leistungen zwischen den Schülern variieren, können wir ohnehin nicht von einer Vergleichbarkeit ausgehen, weshalb sich hier jahrgangsübergreifende Arrangements durchsetzen, welche den unterschiedlichen Voraussetzungen entsprechende Entwicklungsräume geben. Die Georg-Christoph-Lichtenberg-Gesamtschule Göttingen Geismar, eine Preisträgerschule des Deutschen Schulpreises, setzt die Schüler in längerfristigen Tischgruppen nach unterschiedlichen Herkunfts- und Leistungsdaten zusammen, um sicherzustellen, dass sie gemeinsam die geforderten Aufgaben bewältigen, d. h. sich so lange untereinander verständigen, bis alle die erforderlichen Ziele erreicht haben. Dadurch wird nicht zuletzt versucht, durch die unterschiedlichen Schülervoraussetzungen auf die multiprofessionelle Zusammensetzung von Teams vorzubereiten, die üblicherweise ganz verschiedene Arbeitsvoraussetzungen mitbringen. Im Unterricht der Sekundarstufe in Schweden findet kaum mehr homogener Unterricht statt, da die Schüler an eigenen Themen und Aufgaben arbeiten, die sie in Abstimmung mit ihren Lehrkräften und externer Expertise umsetzen. Ich glaube, dass wir uns vom Mythos der Gleichheit verabschieden müssen, was auch eine stärker personenbezogene Leistungsüberprüfung erforderlich macht.

CHRISTINE BUNGE	22.08.2017	10:10 UHR

Wenn nach Franz Weinert sich Kompetenzen im „Transfer von Kenntnissen und Fertigkeiten in eine neue Situation" zeigen und wenn es um „das Herstellen eines Zusammenhanges von persönlichen Ressourcen und situativen Anforderungen" geht, dann bedarf es dafür konkreter An-

wendungsbezüge. Für den Unterricht bedeutet dies, dass von der Lehrperson Raum für mögliche authentische Situationen geschaffen werden muss. Aufgabenstellungen müssen so offen sein, dass jeder Schüler die Möglichkeit hat, situativ authentisch diesen Raum füllen zu können. In meinen Augen ist das visionär – aber durchaus nicht utopisch. Nur: sind wir heute in der Schulentwicklung und der Lehrerausbildung schon so weit, dies leisten zu können? Bedarf es dafür nicht noch eines hohen Maßes an Überzeugungsarbeit bei allen Beteiligten und eines umfangreichen Budgets für passende Rahmenbedingungen?

FREDERIK STOLLER	22.08.2017	18:09 UHR

Ich bin zuversichtlich, dass wir diese Vision auch immer mehr leben! Viele erfahrene Lehrer erleben aufgrund der heterogener werdenden Schülerschaft, dass eine zu starke Engführung des Unterrichts ohnehin zum Scheitern verurteilt ist. Die jüngere Generation, die aus der Lehrerbildung kommt, hat sich meist schon in Ausbildung und Referendariat mit offenen Konzepten auseinandergesetzt. Ich sehe eher die Notwendigkeit, die Aufmerksamkeit stärker auf das zu werfen, was „lernseits" des Unterrichts passiert, was beispielsweise in den Vignetten deutlich wird. Sie bieten eine gute Möglichkeit, die Auseinandersetzung über lehr- und lernseitige Orientierung zu beginnen und anhand des eigenen Unterrichts bzw. der eigenen Schule zu erkunden.

Leistungseinschätzung und -beurteilung

Bei einer lernseitigen Orientierung ist jede Bewertung von Schülerleistung per se eine zweischneidige Angelegenheit. Angesichts der hohen Personalität, die in den Lernprozess einfließt, kann und darf es keine „genormte" Leistungserwartung geben; sie würde der Maßgabe widersprechen, dass Lernseitigkeit dem Lernenden in hohem Maße sowohl Anlässe für das Lernen wie auch die Umsetzung überantwortet, sie sogar von ihm erwartet. Maßstäbe für geleistete Ergebnisse können nur das persönliche Leistungsvermögen und eine jeweils erbrachte Leistung sein, die aber in ihrem Inhalt weder von der Lehrkraft noch von den Lernenden selbst planbar und voraussehbar ist. Sie sollte allerdings im Niveau zeigen, dass der Schüler in der Lage ist, bis zu seinen Grenzen zu gehen. Es versteht sich von selbst, dass ein solches Vorgehen aussageleere Ziffernzeugnisse verbietet.

Wichtig ist, dass eine Anerkennungs- und von Respekt getragene Kultur in der Schule herrscht, die verlässlich für alle Beteiligten ist, von diesen auch gelebt wird und in der eine Leistungsrückmeldung grundsätzlich ein konstruktives Feedback ist. Dabei darf nicht vergessen werden, dass der Schüler jedes Feedback von außen für sich selbst einordnen muss, um es verwertbar zu machen, denn z. B. der Lebensweltbezug, der in der Regel beim Erarbeiten von Zusammenhängen notwendig ist, kann nur von dem Feedback-Nehmer selbst hergestellt werden.

An unseren Schulen herrscht häufig eine „Tradition der Fehlerkultur" vor. Diese steht einem lernseitigen Vorgehen oft im Wege. Das bedeutet für die Lehrkraft einer Schule ein grundlegendes Umdenken. Die Vignetten geben da einen Hinweis: Sie „erzählen", was im Unterricht geschieht. Warum also nicht eine „Erzählung“ für die Bewertung wählen? Und da es der Beitrag und/oder das Handeln des Schülers ist, die zum Ablauf des Lernprozesses beigetragen haben, sollte auch der Schüler selbst darüber „erzählen“ dürfen. In diesem Buch ist davon die Rede, dass Schüler sowie auch Lehrkraft sich jeweils rückblickend und nacherfahrend klar werden, was sich entwickelt hat, damit Lernen stattfinden konnte und kann. Folglich ist diese Reflexion ein wesentlicher Teil der eigenen Leistungseinschätzung und Teil der „Erzählung“. Und für eine solche „Erzählung“ kann man ein schon länger existierendes probates Instrument nutzen: das Portfolio.

Ein Portfolio sollte die Aufgabe(n) enthalten, die ein Schüler sich gestellt hat oder die sich im Verlauf des Lernprozesses entwickelt haben. Und dann wird rückblickend der Weg zur Lösung beschrieben. Ideal ist es, wenn das Portfolio für einen Dialog und Austausch zwischen dem Besitzer und verschiedenen anderen Personen genutzt wird. Solche Personen sollen natürlich die Fachlehrer sein, können aber auch die Eltern, Mitschüler sowie weitere Lehrkräfte sein, die den Schüler kennen. Das vereint unterschiedliche Sichtweisen und je mehr Personen am Feedback beteiligt sind, desto aussagekräftiger und zutreffender wird es. Und zusätzlich darf auch die eigene Einschätzung nicht fehlen. Es ist erstaunlich – einmal von provozierenden Aussagen abgesehen – wie treffend und reflektiert Schüler sich selbst einschätzen können. Man sollte nicht vergessen: Sie sind die eigentlichen Experten für ihren Lernprozess und das Ergebnis. Und man sollte nicht unterschätzen, wie stolz der Besitzer eines Portfolios ist, in dem er hier als Individuum wahrgenommen wird, und welche Wertschätzung dem im Portfolio Gesammelten – und damit der Person – entgegengebracht wird. In einer Schule im Rheinland kommt es z. B. in der Karnevalszeit vor, dass im Portfolio ein Prinzenorden „abgelegt“ wird. Kinderprinz im Karneval zu sein, ist es dem Besitzer wert, das Zeichen dafür mit einer besonderen Wertschätzung zu verbinden, indem man es im Portfolio festhält und es damit für andere sichtbar macht. Individualität und Personalität paaren sich hier mit der Reflexion der eigenen Lebenswelt.

Geltende Richtlinien und Lehrpläne sehen vor, dass erworbenes Wissen mit Kompetenzerwerb einhergeht. Entsprechend sollten die sich selbst einschätzenden Schüler – altersgerecht – die Kriterien kennen, nach denen der Kompetenzerwerb in ihrer Altersgruppe beschrieben wird. Gleiches gilt für eine Peer-Review, bei der die Peers den Lernenden ein Feedback geben. Für den Unterricht bedeutet dies, dass der Kompetenzerwerb selbst zum Thema gemacht werden muss, damit Schüler entsprechende Vorgaben und Strukturen kennen lernen. Wieweit Eltern entsprechend handeln können und sollten, muss jeweils genau abgewogen werden.

Solche Verfahren, insbesondere unter Peers, können eine Wertschätzung von Leistung fördern, die heute oftmals in bestimmten Altersgruppen nicht mehr angesagt bzw. nach außen hin nicht mehr opportun ist. Gleichzeitig sind sie sowohl für die Feedback-Geber als auch für die Feedback-Nehmer Instrumente zur Förderung von Selbstwirksamkeit. In diesem Zusammenhang sollten auch Anerkennungs- und Wertschätzungsrituale und die herausgehobene Zertifizierung und Dokumentierung besonderer Leistungen erwähnt werden.

Während solche Verfahren im deutschsprachigen Raum oft belächelt werden, stellen sie in vielen anderen Ländern, insbesondere im englischsprachlichen Raum eine besondere, von allen akzeptierte Wertschätzung einer Person und ihres Lernprozesses dar. Wichtig ist aber, dass sich eine solche Wertschätzung auf unterschiedliche Kompetenzen richtet, z. B. darauf, dass eine Schülerin ein besonderes Interesse daran zeigt, kritisch zu reflektieren und auf eigenständige Problemlösungen zuzugehen, dass ein Schüler im Theaterspiel besondere mimische Fähigkeiten zeigt, dass eine Schülerin im Laufe eines Schuljahres gezeigt hat, dass sie besonders gut kooperieren und im Team arbeiten kann, aber auch, dass ein zum handfesten Streit neigender Schüler sich zunehmend mehr „in den Griff" bekommt. Wichtig ist darüber hinaus, dass Kompetenzen nicht nur im kognitiven Bereich wahrgenommen und beschrieben werden, sondern beispielsweise auch in sozialen und emotionalen Bereichen.

Lehrer, die gewohnt sind, so genannte „Lernentwicklungsberichte" zu schreiben, sollten überlegen, wie sie diese durch „Erzählungen" über Beobachtetes, Wahrgenommenes aus dem Unterricht ergänzen bzw. verändern können. Auch hier ist die Vignettenform eine Hilfe. Diese Verschriftlichung kann die Grundlage und ein Ausgangsimpuls für Gespräche mit dem Schüler sein, da sie eine Einschätzung des Wissens und des Kompetenzerwerbs „auf Augenhöhe" ermöglicht.

6. Kerngedanke: Welchen Zugang erfordert die Sache? Und der Schüler?

Kurt, Klaus, Frau Kaspar

Kurt steht an der Tafel und hat gerade „27 + 21" angeschrieben. „Warum plus 21?", fragt Frau Kaspar und wendet sich zur Klasse: „Warum Ku ..., äh, Klaus?" Klaus ist gerade in eine andere Rechnung vertieft und antwortet nicht, aus der ersten Reihe ruft Konrad die Antwort hinaus. „Ja, wie vorhin", nickt Frau Kaspar und schaut Kurt an. Dieser starrt auf die Zahlen. Zögerlich wischt er die 21 weg und schreibt sie unter die 27, dann will er die Zahlen an der Tafel addieren. Die Lehrkraft unterbricht ihn: „Im Kopf! Das kannst du schon!" Und wieder nach hinten: „Was muss er danach machen, Klaus?" Klaus schaut diesmal auf, denkt kurz, dann gibt er die Antwort: „geteilt durch 7, dann mal 8". „Ja!", bestätigt Frau Kaspar und fordert Kurt auf, es so zu machen, indem sie beide Hände ruckartig nach oben hebt. Kurt schreibt „:7" an, dann stockt er, lässt dann die Hand sinken und dreht den Kopf zur Lehrerin. „Hast du's verstanden?", fragt diese. Zu Boden schauend sagt Kurt leise: „Halbwegs." Die schüttelt den Kopf: „Halbwegs geht nicht gut." In der Klasse wird es unruhig. „Lösch das", ordnet Frau Kaspar an und sagt Kurt eine neue Rechnung an, die er zügig anschreibt. Dann schaut er zu Frau Kaspar. Diese fragt: „Wie geht das?" Kurt beißt sich leicht auf die Lippen und presst „weiß nicht" hervor. Frau Kaspar schaut ihn eindringlich an: „Was tun wir dann mit dir?" Kurt zuckt mit der Schulter, verzieht das Gesicht zu einem Grinsen, dann sagt er wieder „weiß nicht". Mit einer Kopfbewegung zeigt Frau Kaspar ihm an, dass er auf seinen Platz gehen soll. „Dann muss ich mir was einfallen lassen", sagt sie ihm nachdenklich hinterher. Schon während Kurt auf seinen Platz geht, reißen Schüler quer durch die Reihen die Hand hoch, um sich für das Rechnen an der Tafel zu melden. Kurt setzt sich, schiebt das aufgeschlagene Rechenheft etwas von sich und starrt auf die Tafel. „Schreib dir ins Merkheft", spricht ihn Frau Kaspar über die ganze Klasse hinweg noch einmal an: „Die einfachen Rechnungen lernen!" Dann fragt sie: „Hast du die verstanden?" Als Kurt schweigt, fragt Frau Kaspar mit ungläubigem Ton: „Die auch nicht?" Kurt hebt leicht die Schulter: „Halbwegs." Frau Kaspar mit einem tiefen Seufzer: „Dann lernst du die ordentlich, die anderen lässt du weg – ja, Kornelia, komm du heraus." Kurt greift zum Merkheft, trägt aber nichts ein.[96]

„Hast Du es verstanden?", ist wohl eine der häufigsten Fragen, die Lehrer an ihre Schüler richten. Damit möchten sie sicherstellen, dass sie ihren Ausführungen folgen konnten, um anschließend zu neuen Themengebieten voranzuschreiten. Auch dem Schüler Kurt in der Vignette wird mehrfach diese Frage gestellt. Zweimal gibt er darauf eine Antwort, zweimal klingen seine Äußerungen nach Verlegenheitsantworten. Während alle übrigen Schüler die Rechenaufgabe verstanden haben, die Lösung zu kennen scheinen und sich aufzeigend um die Sichtbarmachung ihres Wissens bemühen, legt sich Kurt in Bezug auf dieses Wissen nicht fest. „Halbwegs" – heißt weder ja noch nein. Dieses „Halbwegs" erscheint als ängstliche

[96] Agostini et al. (2016), S. 33f.

Vermeidung eines „Nein, nicht verstanden" oder „Nein, ich weiß nicht weiter". Kurt fühlt sich unter Druck, ist verunsichert und fühlt sich als Person nicht angenommen.

Dem Urteil seiner Mitschüler und der Ungeduld von Frau Kaspar ausgesetzt, findet Kurt keinen Zugang zum Gegenstand der Unterrichtstunde. Anstatt sich auf die Lösungsversuche von Kurt einzulassen und dadurch auch einen Zugang zu Kurt zu finden, schafft die Lehrkraft eine immer größer werdende Distanz zwischen sich und ihrem Schüler, aber auch zwischen Kurt und den anderen in der Klasse anwesenden Schülern. Anstatt Kurt zu eigenen Lösungen zu führen, bezieht Frau Kaspar immer wieder den Mitschüler Klaus ein. Anstatt Kurt eine Frage zu stellen, die ihm eine konstruktive Antwort überhaupt erst möglich machen würde, weist Frau Kaspar Kurt ein eindeutiges Bild zu, nämlich ein begriffsstutziger Schüler zu sein, der scheinbar nicht genügend Anstrengung beim Lernen aufbringt. Die Lehrerin setzt Kurt damit zu keinem Zeitpunkt einer situativen Unbestimmtheit aus, in welcher er zeigen könnte, was er bereits kann oder welche Bedingungen er benötigen würde, um dieses Können auch zu zeigen.

Kurt unternimmt mehrere Versuche, die Aufgabenstellung zu lösen, wird von der Lehrerin oder seinen Mitschülern aber immer wieder unterbrochen. Dabei bleibt er immer den Blicken der anderen ausgesetzt. Diese Form der Unterrichtssituation und die Art der Aufgabenstellung scheinen ihn zu überfordern. Indem er wahrnimmt, dass ihn die Aufgabe überfordert, setzt er sich fachlich und emotional in ein Verhältnis zum Unterrichtsgegenstand. Kurt macht dabei vielfältige Erfahrungen über die Mathematik, aber auch über sich selbst. Er erfährt sich vor allem als jemand, der etwas nicht kann oder etwas nicht weiß. Das Handeln der Lehrkraft und die sich dabei entwickelnde emotionale Atmosphäre in der Klasse sind ausschlaggebend dafür, wie er mit der schulischen Irritation umgeht. Beim Schüler scheinen Gefühle der Scham und der Selbstzweifel aufzukommen. Fragen, die sich in diesem Zusammenhang stellen, sind die folgenden: Welches Verhältnis baut Kurt in der Folge zu einem bestimmten Fach oder Thema auf? Welche Bezüge vonseiten der Lehrerin sind nötig, um eine solche Situation als Lernsituationen zu nutzen? Wie kann Kurt neugierig bleiben, auch wenn sein Selbstwertgefühl in schwierigen Situationen anfangs erschüttert wird?

Schüler müssen mit ihrem Wissen oder Handeln scheitern. Erst dann sind sie auf dem Weg zu neuem Wissen und Können und finden einen Zugang, *ihren* Zugang zum Thema der Unterrichtsstunde. Dafür müssen Lehrer aber Räume schaffen, die dieses Scheitern nicht nur provozieren, sondern unter Bedingungen entstehen lassen, die die Schüler nicht verunsichern und dann hilflos zurücklassen. Nur dann bleiben sie neugierig. Kurt scheint irritiert zu sein. Irritation ist die beste Voraussetzung, um etwas Neues zu lernen und Interesse zu entwickeln. Momente, die Schüler irritieren und in denen sie sich als wissende Unwissende bewusst wahrnehmen, widerfahren auch der Lehrperson. Wie geht sie mit solchen Momenten um? Irritationen benötigen eine Lehrkraft, die sich diesem Moment der Verletzlichkeit ihrer Schüler bewusst ist. Kurt gibt sich die Blöße des Nichtwissens und des Irritiert-Seins, die es als Lehrkraft respektvoll wahrzunehmen gilt. Momente, wie sie Kurt in der Klasse erlebt, können ansonsten dazu führen, dass er schulischen Situationen, in denen er als Person mit seinem

Wissen auf dem Spiel steht, abwehrend gegenübersteht und sich in der Folge Neuem gegenüber verschließt, kein Interesse mehr dafür zeigt.

Als Lehrer den Bezug zu den Schülern herzustellen und bei ihnen ein spezifisches Interesse zu entfachen, ist nicht immer einfach. Da Interesse immer an die Person gebunden ist, kommt je nach Schüler anderes zum Vorschein und in den Blick. Dieser Blick wird von der persönlichen Wissensgeschichte der Einzelnen zuallererst ermöglicht. Der Mathematikdidaktiker Friedhelm Käpnick zeigt anhand von kleinen mathematischen Episoden von Kindern im Vor- und Grundschulalter exemplarisch auf, dass diese auf der Basis eigener Verstehensprozesse intuitive Theorien entwickeln, die sie in ihrer Gedankenwelt für „logisch stimmig" halten. Dabei kann es sich um die Festlegung eines Begriffs, die Erklärung von Zusammenhängen oder die Entwicklung von Begriffssystemen handeln. Diese bilden sodann die Grundlage dafür, wie neue Erkenntnisse gewonnen werden oder wie Sachverhalte strukturiert, geordnet und bewertet werden.[97]

Insbesondere jüngere Kinder sind noch offen für die unterschiedlichsten Bedeutungen, die die Dinge und die Welt annehmen können. Fachwissenschaftliche oder theoretische Begriffe weisen im Gegensatz dazu invariante Merkmale auf, die sie sich erst durch Verallgemeinerungen aneignen müssen.[98] Nehmen wir den erfinderischen Moment ernst, der im Übergang von einem lebensweltlichen zu einem fachwissenschaftlichen Wissen entsteht, so setzt eben dieser Übergang Möglichkeiten zur schöpferischen Mitgestaltung von Unterricht frei, weil Schüler im Umgang mit Dingen und Begriffen ihre je persönlichen Bezüge finden und Verwendungsmöglichkeiten erproben können. Dabei gilt es, in einem ersten Schritt die große Vielfalt kindlicher Sinnkonstitutionen zu entdecken und kindliches Wissen und Handeln nicht sogleich als sinnlos oder defizitär abzutun. In der Freisetzung neuer Möglichkeiten kann es dann zu einer Systematisierung und Verwissenschaftlichung kommen. Der „Verwissenschaftlichung" bzw. „Verschulung" der Dinge haftet jedoch ein Makel an. Die Mehrdeutigkeit der Dinge verschwindet zugunsten der Eindeutigkeit der Sache. Die Mehrdeutigkeit wieder zurückzugewinnen, um eine neue Perspektive, die Perspektive der Kinder und Jugendlichen einzunehmen, bleibt ein schwieriges Unterfangen.

Wenngleich kindliche Definitionsversuche aus fachlicher Perspektive fehlerhaft erscheinen können, so sind in den meisten kindlichen Erklärungen auch aus Erwachsenensicht sinnvolle Kerngedanken erkennbar.[99] Diese gilt es als Lehrer aufzugreifen und für das Verstehen fachwissenschaftlicher Inhalte zu nutzen. Im Hinblick auf Beispiele aus der Alltagswelt von Kindern wird deutlich, dass intuitive Zahlenkonstruktionen stark sinnlich (emotional, anschaulich) geprägt sind, diese persönlichen Bezüge erfordern und daher von den im Unterricht offiziell „richtigen" Festlegungen abweichen. Vergessen dabei wird häufig, dass auch „richtige" und im Unterricht anerkannte Systematisierungen historisch bedingt sind und deshalb zufällig bleiben. Erklärungen von Schülern könnten deshalb ein willkommener Anlass sein,

[97] Vgl. Käpnick (2016), S. 114ff.

[98] Vgl. Käpnick (2014), S. 87

[99] Siehe hierzu z. B. die Beispiele für intuitive Sinnkonstruktionen geometrischer Begriffe in Käpnick (2016), S. 117

um mathematische Besonderheiten aus historischer und internationaler Perspektive im Mathematikunterricht zu erkunden und Fächergrenzen dadurch aufzubrechen.[100]

FORUM: Welchen Zugang erfordert die Sache? Und der Schüler?

SVEN MEINERT	01.09.2017	07:06 UHR

Die Forderung, „Alltagstheorien von Kindern" einzubinden, kann ich gut nachvollziehen; sie unterstützen und erleichtern den Lernprozess enorm. Aber ich stelle auch immer wieder fest, wie schnell ich da an meine Grenzen komme. Als Klassenlehrer mag ich nach einer gewissen Zeit viel von der Lebenswelt der Kinder kennen; ich kenne ihre Eltern, ihre Geschwister, ihre Lebenssituation. Aber auch gibt es Unterschiede in der Intensität, und nicht überall bin ich Klassenlehrer. Außerdem gibt es ja „ein äußerst breites Spektrum von alltagsweltlichen Theorien", die ich gar nicht alle kennen kann, zumal sich dieses Spektrum ständig erweitert. Ich habe keine Probleme damit, mich selbst als Lernenden zu verstehen, aber ich habe Probleme damit, es auf den Zufall ankommen zu lassen, inwieweit ich in der Lage bin, dem Kind zu helfen, von seiner Lebenswelt den Schritt in die Welt der Wissenschaft zu tun. Ich bin allen Kindern verpflichtet, sie beim Lernen zu unterstützen, und kann das Gelingen nicht davon abhängig machen, ob ich eine spezielle Lebenswelt und -situation kenne und nachempfinden kann.

FREDERIK STOLLER	02.09.2017	12:07 UHR

Ja, das kann ich verstehen. Aber Sie als Lehrer haben auch die Möglichkeit, mit Ihren Schülern in ein Gespräch zu kommen und nachzufragen, z. B. „Wie hast du hier gerechnet, damit du zu diesem Ergebnis gekommen bist?" Die Schüler werden Ihnen das sicherlich sehr gern erklären und dadurch fühlen sie sich auch als Personen ernst genommen. Ganz allgemein kann die Lehrperson ihren Blick immer auch dafür schärfen, wie Kinder, ggf. auch ihre eigenen, in ihrer Lebenswelt lernen, z. B. im Garten beim Einsetzen von Pflanzen oder beim Ausmessen und Ausmalen ihres Zimmers. Diese Handlungen werden meist selbstverständlich ausgeführt. Diese Selbstverständlichkeit lebensweltlichen Lernens, die Bedeutungen, die Schüler mit bestimmten Inhalten bereits als gegebenen voraussetzen, gilt es für das Lösen fachwissenschaftlicher Inhalte bewusstzumachen.

Nach bisherigen wissenschaftlichen Erkenntnissen verändern Kinder ihr Alltagswissen nicht punktuell durch einzelne Korrekturen. Stattdessen erfährt im Lernen der leitende Erfahrungshintergrund selbst eine Veränderung. Es bildet sich eine neue Struktur des Denkens und Wahrnehmens aus. Diese beeinflusst auch den Erwerb neuer Erfahrungen.

[100] Vgl. Käpnick (2016), S. 120

Aus pädagogischer Sicht ergibt sich daraus, dass Lehrkräfte das Alltagswissen ihrer Schüler als relativ stabile persönliche Erkenntnisse einordnen müssen. Diese stellen eine alternative Denkweise und nicht lediglich faktische Fehler dar. Eine „Korrektur" vonseiten der Lehrkraft und ein Übergang hin zu einem fachlichen Wissen sind nur dann möglich, wenn der gesamte Erfahrungshorizont eine Veränderung erfährt. Der erste Schritt besteht dabei darin, als Lehrperson Alltagstheorien von Kindern und Jugendlichen auf die Spur zu kommen und Gemeinsamkeiten, aber auch Unterschiede lebensweltlichen und unterrichtsfachlichen Wissens aufzuzeigen. Im Übergang zum Fachwissen muss das anschaulich Konkrete im allgemeinen Abstrakten aufgezeigt werden.

In einem inklusiven Unterricht mit Kindern und Jugendlichen, die sehr verschiedene Lernvoraussetzungen und -bedürfnisse, unterschiedliche Denkstile und Bezüge zu Dingen und anderen Personen haben, können wir davon ausgehen, dass es auch ein äußerst breites Spektrum von alltagsweltlichen Theorien gibt. Diese zu erkennen und daran anzuknüpfen, ist entscheidend für ein „inklusives" Lernen im Unterricht. Dazu ist auch ein lernseitiges Umdenken erforderlich, beispielsweise, dass wir uns als Lehrende zugleich als Lernende verstehen, die von den Schülern Neues erfahren können, oder dass wir selbst viel lebensweltliches Wissen besitzen, um persönliche Bezüge herzustellen und neue zu eröffnen. Dazu gehört es auch, Personen, die andere zeitliche oder räumliche Gestaltungen zur Ausführung bestimmter Tätigkeiten benötigen, ihren Platz zu lassen. Häufig werden unter dem Schlagwort der Inklusion Abweichungen normalisiert und in den Strom der Ordnung eingegliedert. Sowohl Schule als auch Lernen benötigen Erfahrungen, die durch Irritationen entstehen, sei es durch das Umstellen und Verändern von Strukturen und Grenzen oder auch durch die erfinderische Wahrnehmung von scheinbar alltäglichen Unterrichtsszenen, wie es Vignetten vermögen.

FORUM: Welchen Zugang erfordert die Sache? Und der Schüler?

BIRGIT LENZ 02.09.2017 18:32 UHR

Was mich als Lehrerin bei der lernseitigen Orientierung wirklich fasziniert, ist das, was ich von dem „Vignetten-Blick" lerne: Es eröffnet mir eine neue Wahrnehmungswelt. Allerdings beschleicht mich der Zweifel, wie weit ich als Erwachsener denn überhaupt noch in der Lage bin, mir eine „erfinderische Wahrnehmung", wie es im Text heißt, anzueignen. Ist nicht meine Wahrnehmungswelt durch langjährige Erfahrung und ein ständiges Dazulernen längst soweit geprägt, dass sie sich für Ungewöhnliches aus der Welt eines Schülers gar nicht mehr „öffnen" lässt? Wird hier nicht zu viel von mir erwartet? Oder könnte man den „unverstellten Blick" dafür noch lernen? Und wenn ja, wie?

FREDERIK STOLLER 03.09.2017 13:40 UHR

Erfahrungen schaffen Routinen, die eine Neuorientierung oder ein Umlernen erschweren. Das Leben zeigt aber auch auf, wie schnell diese Erfahrungen durchkreuzt werden können, wenn etwas Unerwartetes passiert, etwa der Verlust von Gesundheit oder einer lieb gewonnenen Person oder gar der eigenen Arbeitsstelle. Durch derartige Erfahrungseinbrüche haben viele Menschen ihr Leben drastisch geändert, alte Routinen verlassen und sich neuen Herausforderungen gestellt. Diese Widerfahrnisse im Leben sind nicht planbar und gerade dadurch wirkmächtig! Was wir daraus lernen können, ist, das „Herunterladen der bekannten Muster" (Scharmer) zu unterbrechen, mit denen wir nur „unsere inneren Museen schmücken" (Sprenger), d. h. nur das sehen, was wir kennen, und alles andere ausblenden. Das Unterbrechen des Herunterladens von Routinen erfordert einen Musterwechsel, einen frischen Blick, den etwa gegenseitige Klassen- oder Schulbesuche ermöglichen. Man kann ein System erst verstehen, wenn man es zu verändern versucht, hat Kurt Lewin das Phänomen in seiner „Feldtheorie" beschrieben. Bei unserer Vignettenarbeit hat uns das Konzept der Epoché von Husserl sehr geholfen, nämlich alles einzuklammern, was wir schon wissen, wenn wir die Vignetten „lesen". Das war anfänglich gar nicht so einfach – und wir merken das auch an der Reaktion von Lehrern: Es erfolgen sofort Argumente, die – auf Basis der eigenen Erfahrungen und Routinen – zu erklären versuchen, weshalb der dargestellte Unterricht schiefgelaufen sei. Dies führt dann rasch zur Auseinandersetzung über die besten didaktischen Konzepte oder methodischen Vorgangsweisen, mit denen bestimmte Situationen zu meistern seien. Diese Debatten führen nicht aus der Erfahrung heraus, sondern verfestigen diese weiter. Was uns geholfen hat, ist der Hinweis aus der Phänomenologie: „Was zeigt sich hier?" und konkreter „Wie zeigt sich Lernen hier?" Damit wurde unser Blick darauf gelenkt, dass das Lernen eigentlich unsichtbar ist, dass wir nur bestimmte Phänomene wahrnehmen können und dass Lernen vielschichtig und schwer zuzuordnen ist. In einschlägigen Studien wurden hier etwa „Sich-Einlassen", „Ergreifen – ergriffen werden", „Wissen begehren" ausführlich erforscht, was die Tiefendimensionen von Lernerfahrungen andeutet.

7. Kerngedanke: Beziehungskultur

Ingo, Isidor, Ingrid, Ignaz, Frau Indra

Als Frau Indra in die Klasse eilt, tritt ihr Ingo entgegen. „Darf ich Klo?", fragt er. „Wir begrüßen uns zuerst, Ingo", sagt sie streng, geht an ihm vorbei, stellt sich vor die Tafel, die Arme in die Hüfte gestemmt, wartet, bis es ruhig wird, wartet dann noch weiter. Dann sagt sie in mildem Ton: „Ich wünsche euch einen schönen Nachmittag." Als alle sitzen, macht sie eine Bewegung mit beiden Händen von unten nach oben: „Und jetzt machen wir eine Auflockerungsübung." Ingo springt auf. „Durch die Klasse gehen", schlägt er vor und beginnt schon, eine Runde zu drehen. „Nein!", ruft Frau Indra scharf, dann milder, „wir machen die Übung mit dem Ball, das ist eine gute Übung zum Wiederholen. Macht alle das Buch zu." Isidor blättert weiter im Buch, Frau Indra ermahnt Isidor scharf: „Isidor, Buch zumachen!" Frau Indra erklärt die Regel: „Ihr werft euch den Ball zu, wer ihn bekommt, darf zum aktuellen Unterrichtsthema etwas sagen, die anderen ..." „Mucksmäuschenstill!", unterbricht Ingo die Lehrerin. „Genau, Ingo, mucksmäuschenstill!", sagt sie leise, dann wieder lauter und barsch: „Und nicht mit dem Stuhl wippen, dass ich das immer sagen muss." Die Frage, zu der sich die Kinder, die den Ball bekommen, äußern sollen, lautet: „Was braucht es für die Spannung in einer Geschichte?" Ingrid bekommt den Ball. „Spannende Überschrift", sagt sie und wirft den Ball zu Ingo. „Hohepunkt", ruft dieser. Frau Indra korrigiert ihn: „Höhepunkt." Ingo knallt den Ball mit voller Wucht zu Ignaz, Frau Indra ermahnt ihn: „Was habe ich gesagt, Ingo?" Ignaz wirft den Ball Isidor zu, dieser setzt mehrmals mit „äh" an. Frau Indra hilft ihm: „Es geht um die Erlebniserzählung." Isidor denkt lange, aber ohne erkennbaren Ausdruck von Anstrengung nach, er schaut geradeaus vor sich hin. Endlich bringt er „spannende Worte" hervor. Frau Indra wiegt den Kopf hin und her und sagt „Mmh, was ist das, ein spannendes Wort?" Isidor setzt noch einmal zu einer Antwort an: „So wie ...", dann stockt er, schaut wieder vor sich hin. Frau Indra fragt, ob ihm jemand helfen kann, die Schüler reden durcheinander, Isidor bohrt einen Finger in den Ball, wartet. Jemand sagt: „Eigensch..." „...schaftswörter", ergänzt Isidor und wirft den Ball schnell weiter, aber zu kurz, er landet am Boden.[101]

In der Vignette springt ganz deutlich eine Divergenz ins Auge: Lehren und Lernen klaffen auseinander. Eine Frage, die sich insbesondere seit Johann Amos Comenius und seinem Versprechen der „Großen Didaktik" in der Schule aufdrängt, ist die folgende: Welcher Weg muss beschritten werden, um bei Schülern sichere Erkenntnis zu gewährleisten? In Abwandlung auf unser besonderes Beispiel ließe sich fragen, wie die Spannung eines Textes, die trotz der didaktischen Bemühungen der Deutschlehrerin Frau Indra auf einer sehr abstrakten Ebene verbleibt, den Schülern inhaltlich nähergebracht werden kann. Die Didaktik als die inhaltliche Aufbereitung zum Zwecke des Lernens, so wie sie beispielsweise vom Erziehungswissenschaftler Wolfgang Klafki konzipiert und erfolgreich vertreten wurde, ist aktuell immer wieder dem Vorwurf ausgesetzt, dass diese nicht länger auf die Vermittlung von Bildungsinhalten abziele. Stattdessen würde die Methodik zu stark an Übergewicht gewinnen. Die Einwände richten sich dabei meist nicht gegen die Didaktik als solche, sondern gegen deren Verfall zu

[101] Baur & Peterlini (2016), S. 76

einem „didaktischen Betrieb"[102]. Kritisiert wird eine als technologisch verstandene Unterrichtslehre, die Regelungsmechanismen zu entfalten verspricht, um *gewünschte* Ziele *sicher* durch *geeignete Mittel* zu erreichen und somit dem klassischen Lehr-Lern-Kurzschluss unterliegt. Als Ausweg, um Lehren nicht technizistisch zu verstehen und dennoch Lernen zu befördern, wird beispielsweise vom Erziehungswissenschaftler Andreas Gruschka vorgeschlagen, als Lehrkraft mit klarem Blick zu erkennen, „was wirklich geschieht"[103]. Was geschieht denn *wirklich* in einer Unterrichtsstunde, beispielsweise in jener, die in der Vignette skizziert wird? Eine Möglichkeit, dieser Frage nachzugehen, besteht darin, die pädagogisch-didaktischen Handlungen als Lehrkraft nicht so sehr von der Methode und vom eigenen Können her zu setzen, sondern von den gelebten Erfahrungen der Lernenden und Lehrenden, also einen lernseitigen Ausgangspunkt zu wählen. Können dadurch in der Vignette auch Anknüpfungspunkte für Lehren ausgemacht werden? In einer lernseitigen Betrachtungsweise soll damit nicht nur mehr über die Beziehung zwischen Lernen und Lehren, sondern vor allem auch eine dem Lernen und Lehren förderliche Beziehungskultur erfahrbar gemacht werden.

Als einer der Protagonisten der Vignette kann Ingo genannt werden. Der Schüler gerät sogleich mit seinen spontanen, ungeduldigen und neugierigen Äußerungen in den Blick. Bei ihm zeigt sich sehr deutlich eine auf die Zukunft gerichtete, gespannte Neugier oder erregte Erwartung, aber auch eine Anspannung, die auf Aufmerksamkeit aus ist. Ingo ist immer als erster zur Stelle, wenn etwas Neues seinen Anfang nimmt. Kaum „eilt" die Klassenlehrerin in den Raum, so „tritt" Ingo ihr entgegen und überfällt sie mit seiner Frage. Wenn es darum geht, die Auflockerungsübung in Angriff zu nehmen, „springt" er nach seinem Vorschlag sogleich auf, bevor der Lehrerin überhaupt die Zeit bleibt, darauf eine Antwort zu geben. Als Frau Indra die Übung erklärt, „unterbricht" er sie und führt ihre Ausführungen mit seinem Ausruf einem schnellen Ende zu. Später bringt er sie mit dem Wippen seines Stuhles in Aufruhr und „knallt", trotz aller vorhergehenden Ermahnungen, seinem Mitschüler den Ball entgegen.

Frau Indra scheint eine routinierte Lehrerin zu sein. Sie geht gewohnt mit diesen Störungen um und findet zudem immer wieder auf die Sachebene zurück, wenn Ingo einen konstruktiven Beitrag versucht. Eine weniger routinierte Lehrerin als Frau Indra würde durch die Handlungen ihrer Schüler sicherlich schnell aus dem Konzept geraten. Zugleich ist Frau Indra aber nicht in der Lage, von ihrem zuvor geplanten Unterrichtsablauf abzuweichen. Ihr misslingt es, die Bedürfnisse ihrer Schüler spontan aufzugreifen und ihr eigenes Konzept zu überdenken. Kommen wir der eingangs aufgezeigten Forderung nach und nehmen in den Blick, was *wirklich* im Unterricht geschieht, so muss die Aufmerksamkeit damit auf jene Ereignisse im Unterricht gelenkt werden, die die zuvor entwickelten Fragestellungen und ihre Vorstellungen davon, auf welche Weise und mit welchen konkreten Aussagen diese beantwortet werden, durchkreuzen. Schenkt man diesen widerständigen Momenten beim Lehren Aufmerksamkeit, so lässt sich „lernseits" genau hier eine Vielzahl von Anknüpfungsmöglichkeiten für Lehr-Lernprozesse ausmachen, beispielsweise die (An-)Spannung, die sich im Unterricht breit-

[102] Gruschka (2002), S. 21
[103] Gruschka (2002), S. 21

macht, auch für das Thema der Stunde zu nutzen. Das könnte in unserem Beispiel so aussehen: Frau Indra hält inne und überlegt, wie sie ihre Lernziele so vermitteln kann, dass die Kinder im Lernprozess ihre körperliche Anspannung abbauen können. Sie nimmt Abstand von der Idee, einen Ball werfen zu lassen, und schlägt vor, dass alle Kinder aufstehen und ein paar Bewegungsübungen mit ihr machen. Zwischen den Übungen wirft sie je einem Kind den Ball zu und dieses Kind beantwortet die Frage, was eine Geschichte spannend macht. Wenn es eine richtige Antwort gefunden hat, darf es nach vorn kommen und die Antwort an die Tafel schreiben. Dann darf es sich die nächste Bewegungsübung ausdenken und dem nächsten Kind den Ball zuwerfen, so lange, bis ein Kind eine richtige Antwort weiß und es ablöst. Das Ende bestimmt Frau Indra selbst. Frau Indra hat die vermeintliche Störung ihres Konzepts in diesem Beispiel uminterpretiert und als wichtigen Impuls dafür genommen, dass ihre Schüler eine andere Didaktik benötigen, die ihren momentanen Bedürfnissen Rechnung trägt.

Lernseitiges Unterrichten braucht ein Lehren, das sich als ein ständiges Wiederaufnehmen der im Unterricht gemachten widerständigen Lernerfahrungen versteht, die immer neu miteinander in Beziehung gesetzt werden müssen. Eine aufmerksame Lehrperson lernt, dass ihr voraus geplanter didaktischer Ablauf nicht immer zum gewünschten Ergebnis führt. Diese Irritation verhilft ihr dazu, umzudenken und beispielsweise den Bewegungsdrang ihrer Schüler für sich und ihre Inhalte zu nutzen.

Die Beziehung zwischen Lehren und Lernen ist nicht die einzige, die in der Vignette in den Blick gerät, sondern auch die Beziehung zwischen der Lehrerin, Frau Indra und ihrem Schüler Ingo. „Lehrseits" betrachtet könnte die Beziehung zwischen der Lehrkraft und Ingo als problematisch gedeutet werden. Die konstanten Unterbrechungen von Ingo würden in dieser Sichtweise lediglich als Provokationen angesehen werden. „Lernseits" kann etwas anderes wahrgenommen werden: Während Frau Indra vor allem auf ein sachbezogenes Lernen abzielt und strikt auf die Einhaltung der Klassenregeln bedacht ist, scheint Ingo mit seinen Äußerungen ihre Aufmerksamkeit auf sich ziehen zu wollen. Dies gilt es als Lehrkraft wahrzunehmen und für das Lernen der Schüler fruchtbar zu machen. Dafür ist insbesondere eine Beziehungssensibilität vonnöten, die die Bedürfnisse der Schüler, beispielsweise jenes nach Aufmerksamkeit, erkennt und darauf eingeht, den Schüler wahrnimmt und ihm Beachtung schenkt.

Auch die umfangreichen Metaanalysen von John Hattie verdeutlichen die Bedeutung der Sozialkompetenzen von Lehrern.

Hohe Erwartungen, großes Vertrauen und Wertschätzung als Erfolgsfaktoren

Für den Bildungsforscher John Hattie ist die Lehrerpersönlichkeit der wirksamste Faktor, wenn es um den schulischen Lernerfolg geht. In seiner Monographie „Visible Learning" legt er die Ergebnisse der Aufarbeitung von mehr als 800 Metaanalysen aus den Jahren 1980 bis 2008 zu Bedingungen schulischen Lernerfolgs vor. Dazu filtert er aus mehr als 50.000 Einzelstudien 138 Einzelfaktoren für schulischen Lernerfolg heraus und ordnet diese den sechs thematischen Gruppen *Schüler*, *Elternhaus*, *Schule*, *Lehrer*, *Curricula* und *Unterricht* zu. Die Gruppe *Lehrer* erweist sich als die effektstärkste Gruppe, die der *Schule* kommt die geringste Effektstärke zu. Dieser Erkenntnis entsprechend tragen Lehrer ein hohes Maß an Verantwortung für das Ge- oder Misslingen des Lernens ihrer Schüler. Auf gute Lehrer kommt es also, salopp formuliert, an. Gute Lehrer befördern die Lernerfolge ihrer Schüler, weil sie einerseits hohe Erwartungen an und andererseits ein großes Vertrauen in das Leistungsvermögen ihrer Schüler haben. Sie pflegen eine wertschätzende Beziehung zu ihnen und wenden aktivierende, zur eigenen denkenden und handelnden Auseinandersetzung anregende Unterrichtsmethoden an. Darüber hinaus sind sie daran interessiert, immer wieder Informationen über die Wirksamkeit ihres didaktischen Handelns einzuholen. Im Idealfall sind diese Lehrkräfte selbst Lernende, die die Lernprozesse mit den Augen ihrer Schüler wahrnehmen sowie sich selbst und den Schülern dazu Rückmeldung geben.[104]

Dabei wird als einer der wichtigsten Erfolgsfaktoren *Wertschätzung* genannt. Hatties Erkenntnisse stehen dem Ansatz der Lernseitigkeit nahe. Eine lernseitige Beziehungskultur zeichnet sich insbesondere durch eine Kultur der Wertschätzung aus. Lernen benötigt neben einem In-Beziehung-Treten zur Sache immer auch ein In-Beziehung-Setzen zum Schüler. Dies ist durch eine wertschätzende Haltung möglich, die die Grundlage für gelingendes Lernen im lernseitigen Sinne bietet, weil sie dazu führt, dass die Schüler als eigenständig denkende und fühlende Wesen in der Gesamtheit ihrer Persönlichkeit wahrgenommen werden und sich in den jeweiligen Situationen als solche zeigen können.

[104] Vgl. Hattie et al. (2013)

Ingo ist oft anstrengend, weil er viel in der Klasse herumspringt und der Lehrerin häufig ins Wort fällt. Eine respektvolle Wertschätzung führt dazu, dass seine Lehrerin ihre Wahrnehmung schärft und sich seinen Bedürfnissen zuwendet. Auf den Impuls von Ingo wird sie mit einer ihm und seinem aktuellen „Problem" zugewandten Haltung antworten. Sie lässt sich in ihrem Unterrichtskonzept unterbrechen und antwortet spontan auf die Bedürfnisse von Ingo. Angenommen, Ingo zofft sich ständig mit Ignaz, so wird sie sich nach der Stunde etwas Zeit nehmen, um mit Ingo zu sprechen und mit ihm zu reflektieren, was geschehen ist und was der Auslöser, die Ursache für sein Verhalten sein könnte. Anschließend verabreden sie, wie es zukünftig anders gehen könnte. Diese Umsicht in allen Situationen ist ihrer grundlegenden und respektvollen Wertschätzung zu verdanken.

FORUM: Beziehungskultur

BIRGIT LENZ | 06.09.2017 | 14:51 UHR

In Hatties Studie wird die Beziehung zwischen Lehrperson und Schülern ja als ein wesentlicher Faktor für schulischen Erfolg gewertet. Das kommt dem lernseitigen Unterrichten sehr entgegen. Und doch ist die Beziehungskultur für mich eine sehr differenzierte Angelegenheit mit einigen Fallen. Ich glaube erstens, dass ich nur lernseitig unterrichten kann, wenn ich meine Schüler sehr gut kenne, denn das ermöglicht mir die Wahrnehmungen, die ich brauche, um mein Unterrichtshandeln lernseitig auszurichten. Zweitens wird von mir erwartet, dass ich zu ALLEN Schülern eine gute Beziehung habe. Nun sind aber die Menschen sehr verschieden und meine Sympathien sind dem einen gegenüber größer als dem anderen, das halte ich auch für legitim. Selbst wenn ich mit dieser Tatsache professionell umgehen kann, werde ich doch wohl automatisch bei dem Schüler, der meine größere Sympathie hat, eher Signale wahrnehmen und mein unterrichtliches Handeln verändern lassen als bei der Schülerin neben ihm, die mir weniger nahesteht. Werde ich damit nicht auf Dauer ungerecht? Die Lehr-Lernseitigkeit erwartet doch auch von mir als Lehrerin eine hohe Authentizität.

FREDERIK STOLLER | 07.09.2017 | 19:04 UHR

Wenn Hattie davon spricht, den Unterricht mit den Augen der Lernenden zu sehen, geht es ihm um mehr als das bloße Sehen, nämlich auch um die Integration des neuen Wissens und seiner Zusammenhänge! Über die Beziehung kommt Tiefe zustande, die Sie ansprechen. In diese Tiefe kommt man in der Tat erst, wenn man die Schüler besser kennt und diese in ihrer Eigenart wahrzunehmen lernt. Allerdings ist lernseitiger Unterricht nicht erst ab einem bestimmten Zeitpunkt der Beziehungstiefe möglich, denn das „Wahr-nehmen" eines Schülers beginnt beim ersten Zusammentreffen: Nehme ich ihn so wahr, wie er sich zeigt, oder so, wie ich ihn sehen oder haben möchte – ohne jeden Vorbehalt? Authentisches Handeln heißt für mich hier, dass ich als Lehrer die eigene Wahrnehmung immer wieder neu auf die jeweilige Situation, wie sie sich zeigt, einstelle, denn gerade bei längerer Erfahrung mit Menschen bilden sich Zuschreibungen aus, die im positiven Fall die von Ihnen beschriebenen Sympathien bzw. ein Naheverhältnis fördern und bei negativen Zuschreibungen Ablehnung und Distanz erzeugen. Lernseitiges Unterrichten erfordert eine respektvolle Beziehung, die der Unterschiedlichkeit von Menschen gerecht wird und bleibt und Professionalität im Umgang mit den Schülern zeigt. Eine solche Beziehung schafft Vertrauen in die Kompetenz, und, verbunden mit Glaubwürdigkeit und Empathie, schafft sie die atmosphärische Voraussetzung für erfolgreiche und belastbare Beziehungen.

CHRISTINE BUNGE	09.09.2017	16:15 UHR

Leider gibt es immer wieder Lehrer, denen eine gewisse Sensibilität im Umgang mit anderen Menschen, insbesondere mit (abhängigen) Schülern, abgeht. Sie haben kein Gespür dafür, wie schnell ein hingeworfener Satz verletzen, wie schnell eine Mimik wie z. B. ein Augenrollen einen Schüler zum Schweigen bringen kann. Solche teils unbedachten, teils durchaus bewussten Abwertungen oder gar Beschämungen führen zu Blockaden, die oft nicht mehr aufzulösen sind. Sie können echtes Lernen verhindern. Die Schüler reagieren auf solch negative Erfahrungen auf die Dauer mit einer gewissen inneren Verhärtung. Sie versuchen, ihre Emotionen zu verbergen, geben sich jederzeit stark und über den Dingen stehend oder desinteressiert, weil sie erfahren haben, dass es gefährlich ist, ehrlich zu sein. Wie aber komme ich als Lehrperson dann noch dazu, lernseitig zu agieren, wenn mir vom Lernenden nichts mehr an Handeln, Mimik oder anderen Zeichen „angeboten" wird?
Lehren ist nicht nur eine Berufung, sondern auch ein Beruf, in dem sich sehr unterschiedliche Persönlichkeiten begegnen. Wir begegnen in der Schule immer auch Lehrern, die wenig Sozialkompetenzen haben und in dieser Hinsicht auch nichts dazulernen wollen. Sie scheinen oftmals im Nu alles, was wir an guten Voraussetzungen geschaffen haben, durch ihr unsensibles und unprofessionelles Verhalten wieder kaputt zu machen. Wie können wir eine lernseitige Kultur in der Schule schaffen, wenn dies ein hohes Engagement der einzelnen Lehrer voraussetzt, das nicht jeder mitbringt?

FREDERIK STOLLER	10.09.2017	14:17 UHR

Ja, in der Tat ist jeder Mensch anders anders, wie das der Migrationspädagoge Paul Mecheril[105] *im Zusammenhang mit heterogenen Unterrichtssituationen ausgedrückt hat. Das gilt für Lehrende wie Lernende. Darin liegt auch die Kontingenz, d. h. die Unbestimmbarkeit im unterrichtlichen Handeln – lehrseits wie lernseits. Daher spielt im Lehrerberuf die „Personal Mastery", also die persönliche Könnerschaft, eine große Rolle. Dies legt nahe, dass jede Lehrkraft auf Basis der persönlichen Könnerschaft ihren eigenen Weg finden muss, wie sie Neuem offen und kritisch gegenüberstehen und die eigene Persönlichkeit als Lernaufgabe verstehen kann. Empathie und Einfühlungsvermögen spielen in der lernseitigen Orientierung eine große Rolle, um negativen Zuschreibungen aus lehrseitiger Distanz zu den Schülern entgegenzuwirken. Denn Mangel an Respekt und Abwertung durch die Lehrperson können zu den von Ihnen genannten Beschämungen führen. Mangelnder Respekt mag zwar weniger aggressiv erscheinen als eine direkte Beleidigung, kann aber ebenso verletzend sein, argumentiert der Kultursoziologe Richard Sennett:*

[105] Vgl. Arens & Mecheril (2010), S. 11

„Man wird nicht beleidigt, aber man wird auch nicht beachtet; man wird nicht als ein Mensch angesehen, dessen Anwesenheit etwas zählt." So erreichen wir wieder den Punkt, dass es in der lernseitigen Orientierung vor allem darum geht, dass Lernende „wahr" genommen werden, respektvolle Rückmeldung und damit eine entwicklungsförderliche Perspektive erhalten. Damit ist schon ein wichtiger Schritt getan!

Lernen bedeutet, sich neu und anders mit dem Unterrichtsgegenstand, aber auch mit anderen Personen in Beziehung zu setzen. Dabei können Schüler durchaus auch Schamgefühle entwickeln, nämlich dann, wenn sie einer neuen Situation mit ihren Kategorien und Denkmustern nicht mehr beikommen können und die Sicherheit des schnellen Einordnens, des Sich-Auskennens aufgeben müssen. Ihre bislang gewohnte Sicht auf sich selbst und die Welt, ihr vermeintliches Wissen über Dinge bzw. andere Personen greifen nicht länger. In diesem Moment der Unwissenheit und Hilflosigkeit können Schamgefühle entstehen, die vor allem aus dem Moment resultieren, sich selbst als Unwissenden wahrzunehmen, oder auch mit der Erwartung zusammenhängen, von den anderen verlacht bzw. verachtet zu werden, also eine persönliche Entwertung einzukassieren. Die Lösung liegt nicht darin, solche Schamgefühle tunlichst zu vermeiden. Das wäre für das Lernen kontraproduktiv, denn es braucht ja gerade diese Momente der Verunsicherung. Wichtig ist, dass wir Lehrenden diesem Schamgefühl mit viel Feingefühl begegnen, den Schülern das Neue näherbringen, sie vor abwertenden Reaktionen schützen und ihr Selbstwertgefühl in solchen Momenten stärken.[106]

[106] Meyer-Drawe (2013b), S. 97

8. Kerngedanke: Resonanzorientierung

Roman, Richard

Die Schüler müssen während des Werkunterrichts eine Zeichnung mit Bleistift zum Thema „Kontrast zwischen Tag und Nacht" anfertigen. Roman nimmt sein Blatt zur Hand und beginnt sorgfältig zu zeichnen. Er konzentriert sich und setzt gezielt die ersten Striche. Er bückt sich versunken über sein Blatt – fast berührt seine Nase das Blatt – und arbeitet so kleine Details heraus. In der Zwischenzeit beginnen andere Schüler aufzustehen und zu schwätzen. Roman hingegen bleibt sitzen und zeichnet weiter. Plötzlich streckt er sich und zeigt stolz seine Zeichnung seinem hinter ihm sitzenden Freund. Dabei drückt sein Gesicht große Zufriedenheit mit seiner Zeichnung aus. Der Freund macht ihm ein Kompliment und Romans Lächeln wird immer größer, seine Augen weiten sich. Dann widmet er sich wieder seiner Zeichnung. Eine Schulfreundin, die vor ihm sitzt, ruft ihn und möchte die Zeichnung von Roman sehen. Mit leuchtenden Augen und breitem Lächeln hebt er seine Zeichnung auf, und sie sagt nickend: „Sehr schön!" Dann zeichnet er wieder weiter. Richard, der neben ihm sitzt, steht auf und bückt sich über die Zeichnung von Roman. Dabei legt er seine Hand auf die Schulter von Roman, der das Blatt in Richards Richtung schiebt, damit dieser seine Zeichnung bewundern kann. Richard setzt sich wieder hin und beide zeichnen weiter. Die Klasse wird allmählich unruhig. Der Lehrer sagt schließlich, sie dürfen zwei Minuten lang in der Klasse Pause machen. Die Schüler stehen auf und gehen herum. Nur Roman sitzt konzentriert an seinem Tisch und zeichnet weiter. Dann arbeitet die Klasse wieder weiter. Richard fragt, ob er die Zeichnung von Roman nehmen dürfe. Richard hält sie in der linken Hand vor sich und zeichnet das Bild von Roman ab. Roman steht aufrecht neben ihm, die Hände in der Hüfte, die Brust nach außen gestreckt, und schaut ihm dabei zu. Richard gibt ihm das Bild zurück und Roman zeichnet kurz weiter. Dann ist Roman mit seiner Zeichnung fertig. Die Klasse wird wieder etwas unruhig. Er sitzt ruhig vor seiner Zeichnung und schaut sie in sich versunken und zufrieden an.[107]

Roman arbeitet in sich versunken an seiner Zeichnung. Die Geräusche in der Klasse scheinen ihn nichts anzugehen. Fast schon gewinnt man den Eindruck, dass er das Ziel bzw. Produkt, das Bild selbst aus den Augen verliert. Sein Ziel scheint vielmehr im unmittelbaren Handlungsvollzug selbst zu liegen. Das gesamte Verfahren an sich, der Weg zur Erreichung des Ziels, sein reines Tätig-Sein, die Erfahrungen, die er dabei macht, scheinen für Roman selbst lustvoll zu sein. Diese Freude am Gestalten zeigt sich darin, dass er nicht mehr die Gespräche seiner Klassenkameraden vernimmt, sondern gänzlich versunken in seine Tätigkeit zu sein scheint. Er bleibt auch dann sitzen und arbeitet weiter, als die Lehrerin eine kurze Pause ankündigt. Obgleich er von anderen Kindern Komplimente für die Zeichnung erhält, scheint er im Akt des Zeichnens mit etwas in Berührung zu kommen, das für ihn eine unabhängige Wertquelle darstellt und das ihm wichtig und wertvoll ist. Er setzt sich zum Lerngegenstand in einer spezifischen Art und Weise in Beziehung und zwar derart, dass er sich voll und ganz, ohne Vorbehalte, diesem Gegenstand hingibt und in ihm aufgeht. In dieser Hingabe liegt zu-

[107] Agostini et al. (2016), S. 42f.

gleich die Bereitschaft, sich irritieren und inspirieren zu lassen sowie diesem Neuen offen zu begegnen. Roman ist ein Sich-Hingebender als Fragender, nicht als Wissender. Diese Fragehaltung evoziert echte Lernprozesse. So scheint Roman sich Weltausschnitte zu suchen, die auf reziproke und schöpferische Interaktionen und auf die Herstellung von sozialen Bezügen hin angelegt sind und sich in praktischer, emotionaler, körperlich-habitueller Stellungnahme zur Welt auszeichnen. Dem Schüler erscheint etwas als wichtig und wertvoll und er verhält sich in dieser Hinsicht zu seiner Zeichnung und auch zu seinen Mitschülern. Er erhält Wertschätzung, ist sichtbar stolz und hilft auch Richard, indem er ihn seine Zeichnung kopieren lässt. Sind nicht solche Momente die idealen Momente in der Schule? Wünschen sich nicht alle Lehrkräfte solche Erfahrungen für ihre Schüler? Aber, so werden einige Skeptiker vielleicht einwenden, sind solche Erfahrungen nicht nur in bestimmten Fächern möglich?

Der Soziologe Hartmut Rosa behauptet, dass Erfahrungen des In-Beziehung-Setzens mit Welt und damit der Resonanz in den unterschiedlichsten (Unterrichts-)Situationen möglich sind und zwar in all jenen Situationen, in denen Menschen etwas anrührt und sie von etwas angesprochen werden. In solchen Situationen ist es nach ihm möglich, eine aktive Stellung zur Welt einzunehmen, sich diese sozusagen *anzuverwandeln*.[108]

Weltbeziehungen eines Menschen werden dabei ganz wesentlich in und durch die Schule geformt, sodass sich Werte und Haltungen ausbilden können. Bildungsprozesse bestehen im Kern darin, sich in der Welt zu positionieren und für unterschiedliche Resonanzerfahrungen dispositioniert zu werden, d. h. sich dem Fremden, Neuen und Anderen mit intrinsischem Interesse öffnen zu lernen und diesen mit hoher Selbstwirksamkeitsüberzeugung entgegentreten zu können.[109]

[108] Vgl. Rosa (2016), S. 53
[109] Vgl. Rosa (2016), S. 418

Resonanz

Hartmut Rosa hat für die Beschreibung von Beziehungsqualitäten den Begriff der Resonanz geprägt, wobei er sich an das Konzept der Responsivität von Bernhard Waldenfels[110] anlehnt. Mit Resonanz meint Rosa „einen Modus des In-der-Welt-Seins, d. h. eine spezifische Art und Weise des In-Beziehung-Tretens zwischen Subjekt und Welt"[111]. Resonanz zeichnet sich durch ihre Antwortbeziehung aus und bedeutet, die Welt als antwortend zu erfahren. Dabei berühren sich Mensch und Welt gegenseitig und transformieren sich zugleich.[112] Als Kernmoment entfaltet er dabei die Idee, „dass sich die beiden Entitäten der Beziehung in einem schwingungsfähigen Medium (oder Resonanzraum) wechselseitig so berühren, dass sie als aufeinander antwortend, zugleich aber auch mit eigener Stimme sprechend, also als ‚zurück-tönend' begriffen werden können"[113]. Als „Beziehungsmodus"[114] kommt es dabei auf die Form des Bezogenseins, die Art der Welterfahrung an, die sich im Spannungsfeld von Resonanz- und Entfremdungserfahrungen abspielt.

Bei der Resonanzorientierung geht es um die Frage, ob die Lehrkraft, die Schüler und die Lerninhalte füreinander stumm oder gleichgültig bleiben oder ob die Lehrkraft ihre Schüler zu erreichen vermag. In Frage steht, ob sie den Resonanzdraht in Schwingung versetzen und die Sachen für sie, aber auch für sich selbst zum Sprechen bringen kann und ob sie für die Antworten der Schüler offen ist. Ansonsten entstehen Situationen, in denen Lehrkräfte, Schüler und Lernstoff sich nichts zu sagen und die Beteiligten keinen Draht zueinander haben.

FORUM: Resonanzorientierung

 SVEN MEINERT 06.09.2017 14:51 UHR

Unterricht findet in der Regel in einem Klassenraum in einem Schulhaus statt. Bei allem Bemühen, die Lebenswelt der Kinder und Jugendlichen einzubeziehen, bleiben Exkursionen oder direkte Begegnungen mit Außenstehenden eher die Ausnahme. Eine lebensweltliche Umsetzung von etwas Gelerntem ist während des Unterrichts kaum möglich. Es bleibt also sehr im Vagen, ob eine Selbstwirksamkeitsüberzeugung auch wirklich zur Selbstwirksamkeit führt. Wir können auf einer Metaebene und in der Theorie davon ausgehen, dass dies der Fall ist, wenn ein Schüler sich für eine Sache begeistert und in einen Flow des Lernens gerät. Wir dürfen aber nicht ignorieren, dass es auch anders sein kann. Wir als Lehrer machen häufig den Fehler, uns von Theorien und Vorstellungen begeistern zu lassen, und merken dann, dass es in der Praxis so nicht geht. Ich möchte ja die Kluft zwischen dem lebensweltlichen Wissen meiner Schüler zum Fachwissen

[110] Waldenfels (1994)
[111] Vgl. Rosa (2016), S. 285
[112] Vgl. Rosa (2016), S. 298
[113] Vgl. Rosa (2016), S. 285
[114] Vgl. Rosa (2016), S. 288

überbrücken helfen. Gelingt mir das nicht, ist eine verbreitete Reaktion, eine Aktion als gescheitert zu erklären, sich von ihr zu verabschieden und ihr keine Chance einer Wiederholung zu geben. Wichtig wäre es, in jeder Unterrichtsphase wenigstens ein Resonanzerlebnis für jeden Schüler zu ermöglichen. Kann das ein „lernseits" orientierter Unterricht in einer normal großen Klasse leisten?

FREDERIK STOLLER	13.09.2017	06:06 UHR

Ich habe in meinen Schulbesuchen im In- und Ausland sehr unterschiedliche „Normgrößen" von Schulklassen kennen gelernt. Dabei hat sich der Resonanzraum in der Klasse nicht über die Zahl der Schüler in der Klasse definiert, sondern über die jeweilige Atmosphäre, die ganz unterschiedlich entstanden ist: An der Evangelischen Schule in Neuruppin ist es das gemeinsame morgendliche Nachdenken über Sinnfragen des Lebens, das an der Schule ein wichtiges Ritual der Selbstvergewisserung sowohl für jeden Einzelnen als auch für die Schulgemeinschaft ist; es erzeugt bei den Heranwachsenden eine bemerkenswerte Tiefe. Sie bildet den Resonanzraum, der die folgenden Unterrichtsinhalte trägt. Vielerorts ist es die schulische Lernsituation, die die Schüler begeistert: Sie bekommen eine wichtige Aufgabe übertragen, dürfen selbstständig planen und arbeiten und erleben Erfolge; diese werden kommuniziert und erhalten über Präsentationen, Ausstellungen und Ähnliches einen Wert. Die Arbeit ist nicht Selbstzweck oder für eine Note, sondern deckt einen gesellschaftlichen Bedarf.

SVEN MEINERT	13.09.2017	15:30 UHR

Resonanzerfahrungen in einem „lernseits" orientierten Unterricht sollten innerhalb eines Lehrerkollegiums immer wieder thematisiert werden. Nur wenn man sich regelmäßig im Gespräch über Gelungenes austauscht, wenn auch Misslungenes analysiert wird, wird man eine Wiederholung optimistisch angehen und auch danach nicht gleich aufgeben. Und dann auch nicht vergessen, weil wichtig: Wie schafft man Resonanzerlebnisse innerhalb der Lehrerschaft?

FREDERIK STOLLER	13.09.2017	21:16 UHR

Der Dirigent Nikolaus Harnoncourt hat einmal gesagt: „Ich muss die Kreativität von jedem einzelnen Musiker haben, auch dort, wo er von meiner Meinung abweicht. Ich habe 80 oder 100 Musiker vor mir, und jeder hat eine eigene Auffassung. Ich muss das kanalisieren und in eine Richtung bringen. Aber aufzwingen im diktatorischen Sinn hat überhaupt keinen Sinn." Ähnlich geht es auch der Schulleitung: Sie hat viele Einzelkünstler, manchmal auch Einzelkämpfer, die alle das Beste für ihre Schüler wollen, aber es fehlt die gemeinsame Richtung, der gemeinsame Sinn. Dieser „Gemeinsinn", der das Orchester zum Klingen bringt, wird in der Schule aber nicht über den „Dirigentenstab" erreicht (Harnoncourt verwendete übrigens nie einen!), sondern über gemeinsame Absprachen und Vereinbarungen, die sich etwa im Schulprogramm niederschlagen. Wieweit dies die Schule zum „Klingen" bringt, zeigt sich allerdings erst im Schulalltag.

SVEN MEINERT	14.09.2017	16:16 UHR

Resonanzerlebnisse bei Schülern zu entfachen, kann eigentlich nur gelingen, wenn Lehrer selbst diese Erfahrung machen durften. Deshalb ist es wichtig, dass in der Schule ein Klima herrscht, in dem sich Persönlichkeiten begegnen und nicht nur „Arbeitskollegen". Auch das kommt in der Schülerschaft an. Es ist ein Irrtum, zu glauben, Animositäten zwischen einzelnen Lehrkräften könnten vor Schülern geheim gehalten werden. Der Umgang der Kollegen untereinander hat auch Vorbildfunktion für die Schülerschaft. Eigene Resonanzerlebnisse sensibilisieren für lernseitiges Unterrichten, schärfen die Aufmerksamkeit für das Erkennen von Schlüsselsituationen und Gelegenheiten, Impulse von Schülerseite im Unterricht aufzugreifen und das Unterrichtsgeschehen zu verändern. Ich frage mich, ob ein solches Verhalten erlernbar ist. Bisher sucht man nach Fortbildungsangeboten dazu vergeblich. Und auch in der Lehrerausbildung trifft man eher auf staunende Augen. Die Vision ist da, ein Weg zeichnet sich ab. Aber wie findet man den Startpunkt für eine flächendeckende Verbreitung?

FREDERIK STOLLER	15.09.2017	08:03 UHR

Über konventionelle Fortbildungsangebote ist es in der Tat schwierig, über Resonanzerfahrungen in die Fläche zu gelangen. Sie sind vielfach noch einer lehrseitigen Ausrichtung verpflichtet. In Österreich wurde die Leadership Academy gegründet, die über mehrere Klausurtage 250 Führungspersonen aus unterschiedlichen Schulformen und Ebenen des Systems jeweils in einen gemeinsamen Resonanzraum bringt, in dem unterschiedliche Begegnungsformen dazu beitragen sollen. In Deutschland entstand über das Engagement erfolgreicher Schulen die Deutsche Schulakademie, die über die Ländergrenzen hinweg versucht, Resonanzerfahrungen innerhalb der Lehrerschaft zu fördern bzw. zu professionalisieren. Michael Fullan und Kollegen haben in den USA neue Formen der Verbreitung von Innovation entwickelt, die der Form von sozialen Bewegungen ähneln.[115] Solche pädagogischen Bewegungen sind auch bei uns entstanden, etwa der Schulverbund „Blick über den Zaun"[116], das Netzwerk „Schule im Aufbruch"[117] oder im Bereich der Lehrerbildung das Netzwerk „Kreidestaub", in dem sich Studierende, die sich für Schulentwicklung und Professionalisierung in der Pädagogik begeistern, zusammenschließen, um die Dinge zu lernen, die im Studium zu kurz kommen[118].

Resonanzerlebnisse beginnen in der Schule meist dort, wo Schüler einem Unterrichtsinhalt Interesse entgegenbringen, engagiert sind und diese Atmosphäre auch auf die Klasse übergreift. Der Schüler Roman aus der Vignette zeigt Interesse am Lerngegenstand. Er lässt sich darauf ein, scheint das Ziel aus den Augen zu verlieren und ist mit dem Ergebnis zufrieden. Auch das Verhalten seiner Klassenkameraden bestärkt ihn darin, weiterzumachen, aber auch sie lassen sich von seinem Engagement anstecken. Dieser Vorgang beginnt nicht selten mit

115 Vgl. Fullan et al. (2017)
116 www.blickueberdenzaun.de
117 www.schule-im-aufbruch.de
118 www.kreidestaub.net

der Begeisterung der Lehrperson, die dadurch die Resonanzbereitschaft bei ihrem Gegenüber weckt, sodass im Resonanzgeschehen, im Zwischen von Lehrern und Schülern, Inhalte zum Sprechen gebracht werden. Dazu gehört auch, dass das Unterrichtsgeschehen nicht nur auf richtige und falsche Antworten, auf Effizienz und Optimierung abzielt: „Eine wirkliche Antwortet [bedeutet] Resonanz [...], ein Echo, das sich ereignet und nicht vorweggenommen werden kann."[119] „Lernseits" gewendet müssen „wirkliche Antworten" der Schüler jenseits aller Ausschließlichkeit zugelassen und diese zu Resonanzen provoziert werden. Dafür müssen Antworten ermöglicht werden, welche die Lehrkraft nicht bereits parat hat und gedanklich vorwegnimmt. Ansonsten wird „Stoff" beherrscht, nicht jedoch zum Sprechen gebracht. Dieser Vorgang vollzieht sich an Schulen täglich, sobald sich Lernende und Lehrende wechselseitig zu erreichen vermögen.

Erfahrungen der Resonanz ist eine Unverfügbarkeit inhärent. Dies bedeutet, dass man sie nicht intentional herbeiführen kann. Diese Unverfügbarkeit trifft genauso für das Lernen zu. Gerade in der Offenheit für das unplanbare und unvorhersehbare Ereignis des Lernens liegt die Möglichkeit eines resonanzorientierten lernseitigen Lehrens, das von den Lehrkräften als Gelegenheit bzw. fruchtbarer Moment wahrgenommen werden muss. Auffassungen von Lehrenden, die im Lehren einer irritierenden Verwicklung der Menschen mit der Welt Rechnung tragen und den Lernenden helfen, mit dieser Welt in eine Resonanzbeziehung zu treten, sind wenig populär. Weit beliebter sind Theorien, die auf die Sicherung und Verbesserung der Ressourcenlage abzielen. Wenn Lernen jedoch nicht als Sicherung, Verbesserung oder Welt*aneignung* gedeutet wird, sondern als ein resonanter Prozess, in dem etwas Neues im Entstehen ist, so besteht die Aufgabe von Lehrkräften vor allem darin, den Kindern und Jugendlichen *klingende*, d. h. resonante Erfahrungen provozierend und berührend nahezubringen und für eine Vielfalt von Schülerantworten offen zu bleiben. Nur dadurch können sie Schülern behilflich sein, eine neue, lernseitige Sicht der Dinge zu gewinnen.

Gabriele Rathgeb: Lernseits lehren?

Im Zuge der Vorbereitungen auf das Schreiben dieses Textes kramte ich in meinen Unterlagen, las Kommentare ehemaliger Schülerinnen und Schüler, blieb an manchen Aussagen hängen, Erinnerungen, Gefühle wurden wach, ich kam ins Grübeln. 25 Jahre bin ich nun Lehrerin. So viele Unterrichtsstunden habe ich mit Kindern verbracht, war mit ihnen auf Sportwochen, Städtereisen und Wandertagen, habe erlebt, wie sie heranwuchsen zu jungen Erwachsenen. Doch was weiß ich wirklich über sie, die mir – vor allem in meiner Aufgabe als Klassenlehrerin – anvertraut sind? Sind wir uns vertraut geworden oder bleiben doch die Distanz und Fremdheit zumeist bestimmend, die nicht zuletzt damit zu tun haben, dass ich es bin, die ihre Leistungen bewertet, die selten, aber doch über Aufstieg oder Ausstieg mitentscheidet?

119 Meyer-Drawe (1988), S. 249

Kränkungen sind es auch, die aus so manchem Brief- oder E-Mail-Austausch mit Schülern sprechen. Streitigkeiten untereinander, die Kinder an den Rand der Verzweiflung bringen, aber auch Ärger, der durch mein Verhalten als Lehrerin ausgelöst wird. Ich lese noch einmal die seitenlange E-Mail eines Schülers, der sich ungerecht behandelt und abgestempelt fühlt, und bin – wieder – betroffen, traurig. Ich lese auch meine Antwort darauf, aus der deutlich wird, dass ich offenbar selbst verwickelt, verletzt und verärgert war. Die Kommentare von Schülern einer vierten Klasse nach einer Aussprache über einen Streit in einer Klassenlehrerstunde freuen mich noch heute:

„Ich finde es gut, dass unsere Klasse sich endlich einmal so richtig aussprechen konnte. Auch wenn es einige Male fast „übergelaufen" wäre, denke ich, dass wir so etwas gebraucht haben."
„Seit unserem Gespräch bin ich optimistisch gestimmt. Zwischen den streitenden Gruppen ist zwar noch keine Freundschaft, aber die gegenseitigen Hänseleien haben aufgehört."

Durch Briefe erfahre ich mehr von meinen Schülern, als das im Unterrichtsgeschehen in der Klasse möglich ist. Am Beginn jedes Schuljahres schreibe ich einen Brief an jede Klasse, gebe die geplanten Inhalte, Themen und Vorhaben bekannt und bitte die Schüler, mir in einem Antwortbrief ihrerseits Interessen, Anliegen und Lernziele mitzuteilen. Diese Sammlung von Briefen, die im Laufe der Jahre entstanden ist, ist für mich etwas sehr Wertvolles. Die Texte ermöglichen mir einen kleinen Einblick in die Sichtweise meiner Schüler und damit einen Zugang zur lernseitigen Welt. Einige Auszüge aus solchen Briefen sollen dies auf exemplarische Weise dokumentieren.

Bei dem Thema „Lesen" (zeitgenössisch und Klassiker) bin ich persönlich nicht so begeistert, da ich nicht so gern lese und sich mein Lesewunsch von Harry Potter nicht wegbewegt hat. Abgesehen von Harry Potter kann ich mich dennoch mit allen Büchern anfreunden, bei denen es von vorne bis hinten Spannung pur gibt und wenn man richtig in die fiktive Welt hineingezogen wird, am besten in eine Fantasiewelt.
(Schüler, siebte Klasse)

Ich will noch genauer wissen, wie Gedichte ihre Magie erhalten, Märchen faszinieren und Sagen oftmals gruseln. Ich möchte erfahren, wie, wann und wieso sich unsere Sprache und mit ihr die Literatur verändert hat und wie sie damals und heute (auf Menschen) gewirkt hat. Ich möchte mich eingehender mit der Dramatik und Gedichten und ihrer Emotion, Leidenschaft und ihren Autoren beschäftigen. Ich möchte so viel; so viel lernen, erfahren, entdecken. [...] Sprachen bedeuten für mich Magie. Ich möchte die Magie der Worte erlernen und anwenden. Meiner Meinung nach ist dies der Hauptsinn des Faches „Deutsch".
(Schülerin, siebte Klasse)

„Hinsehen, Hinhören – sich zwar nicht völlig theorielos, aber doch unter Beiseitelegen von Theorie einer mit Händen zu greifenden Wucht des Gegebenen stellen [...]"[120]. Gehring bezieht ihre Aussage auf die Besonderheiten des phänomenologischen Forschungszugangs. Doch wäre eine solche Haltung nicht auch eine, die uns als Pädagogen gut anstehen würde?

Oft fällt es mir schwer, genau das zu tun. Ich bin fixiert auf das Deutschbuch, meine Ideen, meine Überlegungen und Pläne, den Lehrplan und sehe und nehme nicht mehr wahr, was sich *lernseits* tut. Was treibt meine Schüler um, die Kathi, den Edwin, den Moritz? Was ist los bei ihnen zu Hause? Womit verbringen sie ihre freie Zeit? Wie geht es ihnen in der Schule, in anderen Fächern? Was macht ihnen zu schaffen, worauf freuen sie sich, wohin geht ihre Lust, worauf ihr Begehren?

Das Geschehen in der Klasse ist äußerst komplex. So viele Dinge passieren hier gleichzeitig. Worauf ich als Lehrerin wie antworte, was ich überhaupt wahrnehme, ist mir zu weiten Teilen entzogen. Ich handle schnell, antworte (zu) rasch und erst im Nachhinein, in der Reflexion überprüfe ich Vorannahmen, die mein Handeln motivierten, und stelle nicht selten fest, dass ich nach alten Mustern agierte, dass Zuschreibungen und die Macht der Gewohnheit verhinderten, dass ich mich auf das Gegebene einließ, dass ich die Gunst der Stunde oder Minute nutzte. Vielleicht ist es ja weniger die Theorie, die wir beiseitelegen sollten, von dieser könnten viele von uns Lehrenden wohl sogar etwas mehr gebrauchen. Andere Hindernisse sind es, die häufig den Weg zu den Lernenden und damit den Weg zum Lernen verstellen: manche Routinen und Methoden, die zu bewältigende „Stoff-Menge", das Bedürfnis nach geordneten Abläufen, nach dem „Funktionieren" oder der Zeit- und Erwartungsdruck von vielen Seiten.

Wie komme ich als Lehrerin wirklich in Beziehung zu Inhalten, die ich vermitteln soll? Was war es, das mich an meinem Fach, an einem bestimmten Thema, an einem Gedicht faszinierte und noch fasziniert? Was ist das Geheimnisvolle und Rätselhafte an einem Thema? Die Mutter eines Schülers erzählte mir bei einem Elternabend, ihr Sohn, der sonst kaum etwas von der Schule erzähle, sei an diesem Tag nach Hause gekommen und habe von meiner Begeisterung über ein Gedicht von Paul Celan erzählt. Er könne zwar nach wie vor nicht allzu viel mit Lyrik anfangen, aber die Art, wie ich über diesen Text gesprochen hätte, das habe ihn berührt. Es ginge darum, immer wieder in die Tiefe zu locken, sich nicht mit dem Vordergründigen zufrieden zu geben, wieder neu Fragen zu stellen: Worum geht es hier eigentlich? Was sind die zentralen Fragen und wie knüpfen diese an die Erfahrungen, das Vorwissen meiner Schüler an, an ihr Leben, ihren Alltag?

In manchen Unterrichtsstunden möchte ich die eine oder den anderen meiner Schüler am liebsten an den Schultern packen und schütteln: *Hallo, ist da jemand?* Sie wirken oft wie ausgeschaltet, weggeknipst. *Lernseits* tobt das Leben, na ja, an manchen Tagen spüre ich davon nichts. Es braucht manchmal ganz schön viel Energie, manchmal auch Provokation, um die Lernenden *wachzukriegen*. Zu spüren, dass sich da etwas regt, etwas ankommt, etwas ins Schwingen kommt. Der schulische Alltag fördert wohl diese Haltung der inneren

[120] Gehring (2011), S. 31

Abwesenheit, des Sich-Ausklinkens. Darunter leiden auch wir Lehrende, vielleicht ist das sogar das, was uns am meisten zusetzt: die fehlende Resonanz.[121]
Manchmal muss ich meinen Platz da vorn am Pult verlassen. Ich muss hingehen, mich hinbücken, zuhören, zusehen, genau hinhorchen. Ich muss mir Zeit lassen und einen Gang zurückschalten. Meine Pläne verwerfen und mich einlassen auf das, was gerade Sache ist. Auch wenn mir das gerade nicht in den Kram passt, weil – *wir sollten doch endlich ..., die Zeit ist eh so knapp ..., und wir sind doch erst bei ...*
In vielen Unterrichtsstunden werde ich überrascht von meinen Schülern, ihren Ideen, auch ihren Rückmeldungen, die mir zeigen, dass das, wovon ich glaube, dass es gut für sie ist, es nicht ist und umgekehrt. Sie fordern ein, sie leisten Widerstand, sie gehorchen nicht. Das sind jene Irritationen, die ich genauso brauche wie die bestätigende Resonanz, die mir sagt, mach weiter so, so könnte es gelingen. Wie zum Beispiel von Edda, einer Schülerin, die sich noch nie von sich aus zu Wort gemeldet hat und die mir heute begeistert erzählt, dass sie beim letzten Deutschkurs einen Preis gewonnen habe. Oder von Ahmed, der entrüstet meint, in Syrien sei alles ganz anders, als es in der Geschichte, die wir lesen, dargestellt werde. „Erzähl uns doch von deinem Land und sag uns, wie es dort ist", schlage ich vor. „Ja, das möchte er gern", meint Ahmed. Er wird in einer der nächsten Stunden ein Referat halten, auf das wir schon sehr gespannt sind. Schüler, die sich in schulischen Belangen oft missmutig und wenig motiviert zeigen, blühen in der Sozialprojektwoche in einer Werkstätte für Menschen mit Behinderungen oder in einem Kindergarten plötzlich auf und werden von den Verantwortlichen als verlässlich und einfühlsam beschrieben. Solche Irritationen verändern unseren Blick, wenn wir sie aufspüren.
Das Aufleuchten der Augen, ein kaum erkennbares Nicken, eine kleine Geste ... und plötzlich ist alles anders. Wir sind in Beziehung, es entsteht Resonanz, ein Frage-Antwortgeschehen, das nicht mehr vorprogrammierte Antworten zulässt, sondern das offen ist für Pathisches. Das ist wohl einer der Gründe, warum ich immer noch gern Lehrerin bin: solche Erfahrungen. Sie tragen über viele Stunden und Tage, in denen von der Seite der Lernenden kein Signal zu kommen scheint.

(Gabriele Rathgeb ist Lehrerin für Deutsch und Ethik an einer Allgemeinbildenden Höheren Schule in Innsbruck, Lehrbeauftragte am Institut für Lehrerinnenbildung & Schulforschung an der School of Education der Universität Innsbruck)

[121] Vgl. Rosa (2016)

V) Lernseitig angelegter Unterricht in der Praxis

Sicher haben Sie sich längst gefragt, wie denn ein lernseitiger Unterricht aussehen soll, in dem Sie nicht mehr alles antizipieren und Lösungswege wie erwartbare Ergebnisse vorwegnehmen – in dem es nicht mehr darum geht, Ihre Schüler auf diesem Weg (oder auf zwei/drei vorgedachten Wegen) zu begleiten und darüber zu wachen, ob auch alle Ihre geplanten Wege gehen und am gleichen Ziel ankommen. Wie gestaltet sich eine lernseitige Unterrichtsdidaktik? Wie bereiten Sie Ihren Unterricht vor? Wie führen Sie den Unterricht ganz praktisch durch? Welches Material ist dafür geeignet und welches nicht?

1. Die lernseitige Erwartungshaltung im Unterricht

Bevor wir zur Beantwortung Ihrer Fragen ein erstes Schlaglicht auf einen lernseitig angelegten Unterricht anhand von Unterrichtsskizzen aus der Praxis und Möglichkeiten der Material- und Mediennutzung werfen, lassen Sie uns noch einmal klären, welche Haltung Sie zum Zwecke eines lernseitigen Unterrichts bereits im Vorfeld über Bord werfen bzw. neu einnehmen sollten.

Dazu gehört zuallererst die Veränderung Ihrer möglicherweise für Sie unverzichtbaren Erwartungshaltung, nämlich, dass Sie eine genaue Kontrolle darüber haben, was Ihre Schüler gelernt haben. Mal ehrlich: Würden Sie die Aussage: „Ich kann (mit der richtigen Herangehensweise) wissen, was jeder einzelne meiner Schüler gelernt hat und was nicht." ohne Weiteres bejahen? Klassenarbeiten oder mündliche Prüfungen sind ja praktische Beispiele für Lernzielkontrollen. Die Schüler erhalten meist eine Note für ihre Leistungen. Sind diese Noten wirklich Ihr (objektives) Indiz dafür, was Ihre Schüler gelernt haben? Mit „gelernt" meinen wir natürlich nicht nur das, was sie bei einem Test oder einer Prüfung wiedergeben.

Eine lernseitige Erwartungshaltung geht diesbezüglich von völlig anderen Überlegungen aus. Niemand ist in der Lage (auch der Lernende selbst nicht), explizit zu konstatieren, was im Unterricht gelernt wurde und was nicht, vielleicht auch nicht, wie es gelernt wurde. Das soll nicht heißen, dass Sie völlig blind bleiben. Die ein oder andere Erkenntnis werden Sie möglicherweise gewinnen, aber sie bleibt vage. Und genau deswegen ist es aus unserer Sicht wenig zielführend, wenn Sie gerade diesen Ansatz zur entscheidenden Prämisse machen und Ihre gesamte Didaktik/Methodik darauf aufbauen. Tauschen Sie diese Prämisse einfach mal gegen eine neue aus: Lassen Sie sich ganz neu auf das Lerngeschehen im Unterricht ein. Setzen Sie alles daran, dass Ihre Schüler möglichst viel Lernraum haben, um eigene Erfahrungen mit dem Lerngegenstand zu machen, eigene Fragen zu entwickeln, eigene Antworten zu suchen, neue Entdeckungen zu machen, die ihr bisheriges Alltagswissen, Weltbild, Selbstbild, Kategoriensystem durcheinanderbringen und über diese Irritation zu einer Erweiterung der eigenen Denk- und Handlungsschemata führen. Nehmen Sie im Mit-Erfahren der Lernprozesse die leiblichen Äußerungen Ihrer Schüler wahr, was in ihnen vorgeht und welche persönlichen Lernwege sie beschreiten. Registrieren Sie dabei nicht nur die verbalen Äußerungen der Lernenden, sondern vor allem deren Mimik und Gestik. Wenn Sie es gewohnt waren, in „schülerorientierten" Lernprozessen aus Ihrer Lehrererfahrung heraus oder vom Lerngegenstand her Unterricht zu planen und die Bedürfnisse und Lernwege der Kinder und Jugendlichen zu antizipieren, dann steht dies, wenn Sie konsequent lernseitig denken, nicht (mehr) im Fokus und ist nicht mehr möglich. Jetzt wird es vielmehr wichtig, die persönlichen Bezüge eines Schülers zu Dingen und Begriffen wahrzunehmen und mit ihnen weiter zu arbeiten. In dieser Haltung nehmen Sie selbst als Lehrender und Lernender am Unterrichtsgeschehen teil und werden die Erfahrung machen, dass die neuen Erkenntnisse über Ihre Schüler im Laufe der Zeit Ihre gesamte Unterrichtskonzeption verändern werden, aber auch dass Sie selbst sich freier und ungezwungener dem Lerngeschehen hingeben können. Das erhöht in letzter Konsequenz nicht nur die Lernqualität der Schüler, sondern auch deren und Ihre ganz persönliche Lebensqualität. Davon sind wir überzeugt. Denn Sie werden sich und Ihre Schule neu kennen und schätzen lernen.

Lehrerpersönlichkeit, Schülerbild und Rollenverteilung im lernseitigen Unterricht

Wir gehen davon aus, dass Sie als Lehrender nach wie vor das Lerngeschehen im Unterricht hauptverantwortlich gestalten und Ihre Schüler führen. Dabei können und sollen Sie auf Phasen, in denen Sie die volle Aufmerksamkeit aller Schüler vor der Klasse beanspruchen, wenn Sie z. B. ein neues Thema präsentieren oder ein Problem skizzieren, nicht verzichten. Sie orientieren sich jedoch in Ihrem Handeln, in Ihrem Lehren an den wahrnehmbaren Lernerfahrungen der Schüler und bringen sich in die Lage, spontan auf diese Lernerfahrungen zu antworten und Ihr eigenes Verhalten ggf. zu verändern.

Ein lernseitig strukturierter Unterricht setzt ein Schülerbild voraus, das im hohen Maße von Zutrauen geprägt ist. Ich respektiere als Lehrer, dass der Schüler anders denken mag als ich, dass sein Vorwissen Lernwege ermöglicht, die ich nicht bedacht habe – und lasse dies zu, helfe sogar dabei, diese persönlichen Wege weiter zu verfolgen. Zugleich muss ich auch dabei behilflich sein, dieses Vorwissen und damit den gesamten Erfahrungshorizont umzustrukturieren. Nur dadurch gelingt es den Schülern, vom Gewohnten Abstand zu nehmen und Selbstverständliches infrage zu stellen. Dazu gehört in jedem Fall eine gewisse (Führungs-) Stärke, die Fähigkeit, sich nicht so schnell verunsichern zu lassen. Und dazu gehört eine wertschätzende Grundhaltung, bei der (vermeintliche) Irrwege und Fehler als Impuls für weiteres Lernen aufgegriffen und nicht gleich korrigierend geahndet werden. Ihre Gelassenheit und Geduld als Lehrer helfen den Lernenden, selbstbewusst ihre eigenen Wege zu gehen. Ihr Zutrauen hilft jungen Menschen über sich selbst hinauszuwachsen.

2. Vorbereitung und Durchführung eines lernseitig orientierten Unterrichts

Genauso wenig, wie Sie unserer Meinung nach einen lernseitig orientierten Unterricht so vorbereiten können und sollen, dass von vornherein feststeht, welchen Lernweg Ihre Schüler mit welchen Mitteln beschreiten und zu welchen Zielen sie das führt, genauso wenig können wir an dieser Stelle beschreiben und vorwegnehmen, wie Ihr ganz persönlicher Unterricht aussehen kann oder soll. Sollten Sie eine lernseitige Orientierung zum Ziel Ihres künftigen Lehrens machen, dann wird Ihr Weg dahin persönlich und einzigartig sein, weil er Ihrer Persönlichkeit und den Eigenheiten Ihrer Schüler entspricht. Dennoch wollen wir versuchen, einige grundlegende Empfehlungen zu formulieren, die ein erster Leitfaden für Ihr Handeln sein können, und beispielhaft lernseitige Unterrichtsszenarien beschreiben. Grundlage für unsere Beispiele sind erprobte Unterrichtsstunden von Kollegen, die Erfahrungen im lernseitigen Unterrichten haben.

Kompetenzen festlegen und Themen finden

Selbstverständlich ist ein lernseitiger Unterricht kompetenzorientiert und richtet sich an den jeweiligen Lehrplänen und Bildungsstandards aus. Sie sind verpflichtende Vorgaben und damit Richtschnur für Ihre Lernangebote. Aus der vielfach zitierten Hattie-Studie geht hervor, dass es für einen gelingenden Unterricht wichtig ist, dass die Lernziele für die Schüler transparent sind. Dazu gehört, dass Sie sich mit Ihren Schülern über die Lernziele auseinandersetzen. Betrachten Sie also mit ihnen zu Beginn einer neuen Themensetzung zunächst die Kompetenzen, die es in diesem Zusammenhang lehrplangemäß zu erwerben gilt, und vor allem, wozu diese dienen sollen – nicht nur kurzfristig, sondern in der (künftigen) Bewältigung von Herausforderungen im Leben. Ihre Schüler sind zugänglicher, wenn sie wissen, welches längerfristige Ziel mit ihrem Handeln verbunden ist, denn Kompetenzen werden erworben, um damit handlungsfähig, also kompetent zu werden. Dabei wird bereits deutlich, wie unterschiedlich die Vorverständnisse von Schülern sein können. Setzen aber auch Sie sich mit Ihrer eigenen Ansicht und Einschätzung auseinander und lassen Sie Ihre Schüler Anteil daran haben.

In der Frage, mit welchen konkreten Themen/Lerninhalten Sie Ihren Schülern die spezifischen Kompetenzen vermitteln, eröffnen die Lehrpläne den Schulen heute deutlich mehr Spielraum. Die Entscheidung liegt zumeist bei Ihnen. Aber Sie müssen sie nicht allein treffen. Wenn Sie die Chancen, dass Ihre Schüler mit Lust und Interesse dabei sind, erhöhen wollen, beziehen Sie sie in diesen Entscheidungsprozess, wo möglich und sinnvoll, mit ein. Nehmen wir an, Sie möchten Ihren Schülern vermitteln, wie sie eine Ganzschrift im Deutschunterricht analysieren können. Hier können Sie die Schüler mitentscheiden lassen, welches Werk gelesen wird. Ganz praktisch könnte dies so aussehen: Sie stellen den Schülern zwei oder drei von Ihnen präferierte Werke kurz vor, beziehen ggf. aber auch Vorschläge der Schüler mit ein. Dann geben Sie ihnen Zeit, ihre Meinung darüber auszutauschen, und lassen schließlich für eines der Werke abstimmen, indem Sie die getroffene Wahl von den Schülern begründen lassen. Egal, wie Sie an die Themenfindung herangehen, ob mit oder ohne Schüler, achten Sie von Anfang an auf die Äußerungen der Kinder und Jugendlichen und übergehen Sie sie nicht, sondern nehmen Sie sie ernst, auch wenn die eine oder andere Reaktion vielleicht zunächst unqualifiziert erscheint. Lassen Sie den betreffenden Schüler seine Meinung begründen. Nutzen Sie ggf. nicht Ihre Autorität, sondern Sachargumente, um den Schüler davon zu überzeugen, falls seine Aussage problematisch ist. Oder geben Sie genau diesem Schüler ein oder zwei andere Werke zur Auswahl mit der Maßgabe, diese in der nächsten Stunde vorzustellen und dann mit der Klasse gemeinsam abzustimmen, welches Buch genommen wird. Wenn die Schüler eigene Bücher nehmen möchten, erklären Sie ihnen ggf., warum nicht jedes Buch geeignet ist. Da darf durchaus auch ein Argument sein, dass es dafür kein Unterrichtsmaterial gibt. Vielleicht wollen die Schüler in dem Fall selbst Unterrichtsmaterial erstellen? Wie gehen Sie damit um? Dieses Szenario könnte jetzt noch unentwegt weitergesponnen werden. Es soll Ihnen eine Ahnung davon vermitteln, wie eine lernseitige Grundhaltung schon die Vorbereitungsphase bestimmt und welche Spielräume sie im „Überschuss" der Möglichkeiten zur Verfügung hat.

In das Thema einführen

Bleiben wir beim Beispiel des Deutschunterrichts. Nachdem die Ganzschrift gelesen wurde, geht es darum, auf welche Weise sich Ihre Schüler mit dem Text beschäftigen, so dass Sie am Ende Ihr Ziel erreichen, dass Ihre Schüler Analysemethoden kennengelernt oder sogar selbst entwickelt haben, die sie schließlich dazu befähigen, Texte angemessen zu analysieren, um sie am Ende besser zu verstehen. Für gewöhnlich bereiten Sie die Aspekte und Methoden der Textanalyse vor und machen diese dann zum Ausgangspunkt. Im lernseitigen Unterricht dürfen Sie anders verfahren. Ermöglichen Sie Ihren Schülern einen ersten Zugriff auf den Text, indem Sie beispielsweise mithilfe von Moderationskarten auf einer Pinnwand erste persönliche Assoziationen und Fragen zum Text sammeln. Ergibt sich hier schon eine erste Diskussion, weil ein Teilthema des Buchs oder eine Werthaltung, eine Handlung Emotionen bzw. einen Gesprächsbedarf auslösen, übergehen Sie dieses Bedürfnis nicht einfach. Sie müssen es auch nicht gleich zulassen. Denken Sie kurz darüber nach, ob und wie Sie mit diesem Impuls umgehen möchten. Lassen Sie es zu, dass diese Stunde ein anderes Ende nimmt, als Sie es sich vorgestellt hatten? Oder machen Sie sich eine Notiz und nehmen sich vor, diese Diskussion in einer Ihrer nächsten Unterrichtsstunden einzubauen? In jedem Fall haben Sie responsiv gehandelt. Sie antworten auf die Lernerfahrungen und Suchbewegungen Ihrer Schüler, zeigen dabei Neugier und Interesse an ihrer Sicht von Welt und damit an ihnen. Nach einer gemeinsamen Priorisierung der Schülerbeiträge legen Sie einen Fragenspeicher an, der während der gesamten Unterrichtseinheit eine Rolle spielt.

Vielleicht schaffen Sie es, dass die Assoziationen der Schüler die weitere Hinführung und die Analysearbeit (mit)prägen. Um hier an dieser Stelle den Druck für Sie herauszunehmen, den Sie unter Umständen spüren: Vielleicht gelingt es auch nicht. Das ist nicht weiter tragisch. Entscheidend ist, dass Sie diesen Umstand wahrnehmen und bewerten. Sie können mit der Zeit immer offener werden für das Miteinanderlernen im lernseitigen Unterricht. Das allein wird die Qualität Ihres Unterrichts verändern und sukzessive mehr kreative Mitgestaltung der Schüler möglich werden lassen, ohne dass dabei die Qualität des Unterrichts/des Lernens leidet. Am Anfang brauchen Sie Geduld, denn Ihre Schüler sind in der Regel ein solch hohes Maß an Zugewandtheit und Mitgestaltung nicht gewohnt. Da wird es ruckeln und es wird Reibungen ergeben. Nicht zuletzt deshalb, weil sich Ihre Schüler in dem antrainierten Rollenverhalten mittlerweile sicher fühlen und auch Ihnen eine feste Rolle zugeschrieben haben, die ihnen Sicherheit im Umgang mit Ihnen schenkt. Wenn Sie nun anfangen, diese Muster aufzubrechen, dann wird das nicht allen gleich gefallen. Geben Sie dieser neuen Entwicklung daher Zeit und gestehen Sie dem einen oder anderen Schüler ungelenkes Verhalten in der Übergangsphase zu. Vor allem aber lassen Sie sich davon nicht gleich entmutigen. Sobald Ihre Schüler einigermaßen Sicherheit in den neuen Denk- und Handlungsräumen erlangt haben, werden Sie für Ihre Mühen belohnt. Leichter fällt eine Neuorientierung zur Lernseitigkeit, wenn eine Fachschaft, ein Jahrgangsteam oder gar eine ganze Schule sich auf eine lernseitige Orientierung einlässt, dann erfahren die Schüler diese nicht nur in Ihrem Unterricht. Außerdem ermöglicht die gemeinsame Unterrichtsentwicklung den kollegialen Austausch, der entlastet und bereichert. Hier können wir aber nur Sie ansprechen – im Vertrauen, dass daraus auch weitere lernseitige Entwicklungen an Ihrer Schule in Gang kommen können.

Aufgabenstellungen/Fragen/Zugänge erarbeiten

Nachdem Sie entweder gemeinsam mit Ihren Schülern oder allein die Kompetenzen geklärt haben, die es im Zusammenhang mit dem Unterrichtsthema zu erwerben gilt, und diese fortwährend für alle präsent sind, geben Sie Ihren Schülern Wahlmöglichkeiten bei der Auswahl der Aufgabenstellungen. Dies fällt am Anfang allen Beteiligten schwer, weil es nicht eingeübt ist. Daher sollten Sie immer auch selbst Aufgaben/Fragen/Zugänge anbieten, auf die Ihre Lernenden zugreifen können. Aber darüber hinaus sollten Ihre Schüler die Freiheit haben, eigene Aufgaben/Fragen/Zugänge zu wählen, die Ausgangsbasis für ihre Lernerfahrungen sind. Ihre gemeinsame Richtschnur sind die vorab vergegenwärtigten Kompetenzen. Dabei gilt es zu bedenken, dass die Kompetenzen nicht immer trennscharf isolierbar sind. Auch wenn die „Ich kann …"-Formulierungen einfach klingen, sind Kompetenzen komplexe Bündel von Wissen, Verstehen, Anwenden und den damit verbundenen (Wert-)Haltungen, die zu einem „Vermögen" führen. Das heißt, ein Schüler vermag etwas zu tun, was er vorher nicht vermochte. Wenn ein Schüler also eine eigene Aufgabenstellung entwickelt, geht ab einer bestimmten Klassenstufe damit die Verpflichtung einher, darzulegen, inwieweit diese Frage/Aufgabe/Herangehensweise geeignet ist, zum Erreichen beteiligter Kompetenzen zu führen, d. h. wie sie für ihn zu diesem Vermögen beitragen kann.

Selbstverständlich lassen Sie die Schüler bei dieser Suche nicht allein. Ihre Professionalität zeigen Sie, indem Sie zum einen zielführende (aber offene) Fragen vorbereitet haben, die Ihre Schüler neugierig machen, und ein breites Spektrum an Lernmittel/-medien und Methoden anbieten, indem Sie zum anderen aber auch schülereigene Methoden, die Sie nicht vorgedacht haben, zulassen und schließlich, indem Sie darüber wachen, dass sich niemand unterfordert oder übernimmt und alle beim übergeordneten Thema bleiben. Dazu sind wiederum Einfühlungsvermögen, Zuversicht und Zutrauen (Resonanz) wichtig und hilfreich.

Das klingt vielleicht so, als käme hier viel mehr Arbeit auf Sie zu. Das hängt ein bisschen davon ab, wie aufwändig Sie zuvor Ihren Unterricht vorbereitet haben. Wenn Sie ausschließlich auf das Komfortangebot der Schulverlage mit ihren Vordifferenzierungen zurückgegriffen haben, in der Hoffnung, damit alle Schüler zu erreichen, dann mag es stimmen. So einfach lässt sich unserer Meinung nach ein gelingender Unterricht dauerhaft nicht steuern. Wenn Sie – oder das jeweilige Fach-/Klassenteam – aber ohnehin schon immer selbst differenziertes Unterrichtsmaterial vorbereitet oder das Schulbuchangebot modifiziert haben, dann sollte keine Mehrarbeit anfallen. Sie verlagern diese Vorbereitungszeit nur in die Unterrichtszeit hinein und nehmen Ihre Schüler in die Vorbereitung der Aufgaben/Fragen/Zugänge mit hinein. Damit setzen Sie die Lernerfahrungen Ihrer Schüler schon viel früher an und ermöglichen ihnen zu lernen, wie sie einer neuen Lernherausforderung angemessen und zielführend begegnen können. Und ist dies nicht genau die zentrale Kompetenz, die sie später im Berufs- und Lebensalltag brauchen? Kennen Sie dieses Unbehagen, wenn Ihre Schüler zum Erledigen einer Aufgabe einen Wikipedia-Artikel überfliegen und dann voller Überzeugung ausrufen, sie wüssten jetzt genau Bescheid? Vielleicht erhalten Sie eine Lösung, die, oberflächlich betrachtet, der Fragestellung gerecht wird, aber was haben Ihre Schüler in dem Moment wirklich gelernt? In diesem Sinne ist der vermeintliche Mehraufwand nicht mit Ihrer bisherigen Herangehensweise 1:1 verrechenbar, denn Sie erweitern den Lernhorizont Ihrer Schüler (und Ihren eigenen) in diese ursprüngliche Vorphase des Lernens.

Lernprozesse im Unterricht eröffnen und begleiten

Als Lehrer haben wir gelernt, mit einem festgelegten Stundenentwurf in den Unterricht zu gehen. Lernseitiges Unterrichten entzieht sich einer 1:1 übertragbaren Vorbereitung und würde das Lernen geradezu konterkarieren. Die Schüler hätten keine Chance mehr, in das Unterrichtsgeschehen derart einzugreifen, dass sie den Verlauf des Unterrichts mitgestalten und vielleicht auch umgestalten. Das bedeutet für Ihren Deutschunterricht, dass Sie nun, nachdem alle Schüler ihre eigene Aufgabenstellung unter Ihrer Führung und in Einklang mit den zu erwerbenden Kompetenzerwartungen gefunden haben, ohne „Spickzettel", mental offen für die Vielfalt persönlicher Auseinandersetzungen, Reibungen und Erkenntnisse, die Lernerfahrungen Ihrer Schüler resonant miterfahren. Dabei studieren Sie, was der je einzelne wie umsetzt, lernt, und geben, wo nötig, Impulse. Verzichten Sie dabei auf lange Erklärungen in Form von Monologen. Bieten Sie Ihren Schülern stattdessen „Andockmöglichkeiten". Ihre Hauptverantwortung liegt nunmehr darin, eine Lernatmosphäre zu generieren und aufrecht zu erhalten, die Ihren Schülern proaktives und produktives Lernen möglich macht. Um Irrwege beim Lernen abzukürzen und ineffektives (und evtl. frustrierendes) Handeln möglichst schnell aufzulösen, ist es wichtig, in die Arbeitsphase immer wieder Plenumsphasen einzubauen (sowohl geplant als auch spontan). Diese sind auch notwendig, um Informationen an alle weiterzugeben.

Leistungsbewertung und Feedback

Selbstverständlich stellt ein lernseitiger Unterricht uns auch vor neue Herausforderungen hinsichtlich der Leistungsbewertung und der „Ergebnissicherung". Im Kapitel zur Kompetenzorientierung haben wir dargelegt, welche Ziele sich mit dem schulischen Lernen verbinden. Wir schrieben: „Im Sinne der Kompetenzorientierung zielt der Unterricht auf eine bestimmte Performanz bzw. ein spezifisches Können ab, wofür ein bestimmtes Wissen vorausgesetzt wird. Auf welchem Weg dieses Können erworben wird, bleibt offen." (S. 63) Wenn nun die Lernwege vielfältig und offen sind und auch die Lösungen individuell sein dürfen, dann passt das reine Abfragen inhaltlicher Lösungen, wie etwa die Antwort auf die Biologie-Frage: „Was ist eine Zelle?" nicht mehr ins Bewertungskonzept. Auch nicht die Frage, ob der Schüler den vermittelten Lernweg verstanden hat und ohne große Umwege zielführend anwenden konnte. Kompetenzen im Sinne einer Performanz oder eines spezifischen Könnens werden einerseits dadurch ermittelt, dass Sie den Schülern Aufgaben stellen, die beispielsweise ihre Problemlösefähigkeit, ihre Teamfähigkeit, ihre Denklogik oder Kreativität im Denken, Fühlen und Handeln usw. beobachtbar werden lassen. Insbesondere in Prüfungsphasen ist eine solche Herangehensweise heute ja zum Teil schon durchaus gängige Praxis. Projekte oder Präsentationen lösen hier und da stundenlange Klausuren ab. Sie erscheinen aber vielerorts noch eher randständig, exkursiv, sind eine besondere Ausnahme und erhalten ein spezifisches, exklusives Zeitfenster inmitten des sonst traditionell klausurenbasierten Schul- und Unterrichtskonzepts. Der Anspruch lernseitigen Unterrichts fordert mehr ein. Wenn Sie den Schulunterricht vom Ergebnis her denken und planen, dann führt ein klausurenbasiertes Konzept Ihre Schüler zum „Pauken" häppchenweiser Wissensinhalte und Einschleifen vorgegebener Lernstrategien. Ihre Note gibt Ihnen dann bestenfalls Auskunft darüber, ob das Spezialwissen an dieser einen Stelle gereicht hat oder nicht bzw. ob sie den Lernweg gehen konnten oder nicht. Dass die Halbwertzeit dieses Wissens meist recht kurz ist, kennen die meisten von uns aus ihrer eigenen Schulbiografie.

Ein kompetenzorientierter, lernseitiger Unterricht führt Ihre Schüler hingegen dahin, im handelnden und lernenden Umgang mit den Lerngegenständen fachliches Wissen und überfachliche Kompetenzen zu erreichen, die ihnen elementares Rüstzeug für kommende gesellschaftliche (und private) Herausforderungen sind. Dabei sollten sie selbst lernen am Ende einer Lerneinheit einzuschätzen, inwieweit derartige Aussagen auf sie zutreffen: Ich kann eigene Lösungswege finden. Ich kann mich gut in einem Team einbringen. Ich bin erfinderisch, wenn es darum geht, etwas herauszufinden. Ich arbeite strukturiert usw. Ihre Schüler setzen sich mit ihrem eigenen Denken, Fühlen und Handeln intensiv auseinander und reflektieren, wo sie sich gutes Rüstzeug zugelegt haben und wo es möglicherweise noch mangelt und mehr zu lernen gilt.

Obwohl die Einführung der Kompetenzorientierung den Musterwechsel von der Wissensabfrage zum „Können zeigen" bewirken sollte, finden sich in Leistungsüberprüfungen vielfach noch herkömmliche Wissensabfragen. Das zeigt sich vor allem bei einer genaueren Analyse von Klausurarbeiten. Sie sind in der bisher praktizierten Form unserer Meinung nach am wenigsten geeignet, die komplexen fachlichen und überfachlichen Kompetenzen der Schüler hinreichend zu evaluieren. Daher sind viele Schulen bereits dazu übergangen, mit Kompetenzrastern, Portfolios und vielseitigen Feedbackinstrumenten zu arbeiten. Ein gutes Evaluationssystem, das mit solchen Werkzeugen arbeitet, bildet den Rahmen lernseitigen Unterrichts. Sie können die Kompetenzen Ihrer Schüler ermitteln, und gleichzeitig lernen Ihre Schüler wichtige Selbstkompetenzen durch die Feedbackgespräche, zum Beispiel Selbsteinschätzung und Kritikfähigkeit. So wird auch das vermeintlich reine Überprüfen von Lernerfolgen selbst zum Lernort. Wichtig wäre, dass Sie im Team ein unterrichtsübergreifendes Bewertungs- und Feedbacksystem entwickeln, das allen, Lehrern, Schülern und Eltern, eine Orientierung bietet. Für diese Herangehensweise gibt es bereits einige gute Konzepte. Die IGS Franzsches Feld in Braunschweig etwa hat Feedback geben und nehmen zunehmend perfektioniert, wovon wir uns in der zwölften Klasse eines Mathematikunterrichts überzeugen konnten. Der Lehrer betritt den Klassenraum und sucht sich einen freien Platz zwischen den Schülern. Eine fünfköpfige Schülergruppe steht vor der Tafel und hat dort ein Lernplakat angebracht. Es wird eine kleine Schülerjury gebildet; dann beginnen die fünf Vortragenden ihre Präsentation. Am Ende ihrer Vorstellung wird ihnen Beifall geklatscht. Sie setzen sich, während die zweite Gruppe ihr Lernplakat anbringt. Wieder wird eine Zweierjury besetzt, und es folgt die zweite Präsentation. Nachdem alle vier Gruppen ihre Lernplakate vorgestellt haben, benennt der Lehrer Aufgaben aus dem Lehrwerk, die mit Hilfe der Lernplakate zu bearbeiten sind. Mit den beiden ersten Jurymitgliedern geht er in einen anderen Raum, um die erste Präsentation zu besprechen und zu bewerten. Zunächst stellt die Jury ihre Eindrücke dar und bezieht sich dabei auf bekannte Kriterien einer guten Präsentation. Der Lehrer ergänzt und schätzt die fachliche Korrektheit des Lernplakats ein. Dann schlagen die Jurymitglieder eine Note für die Präsentation vor. Unterschiedliche Bewertungen werden mit dem Lehrer diskutiert, bis man sich auf eine Benotung einigt. Das gleiche Verfahren wird mit den jeweiligen Jurys der anderen Präsentationen durchgeführt. Danach finden sich wieder alle im Klassenraum ein, und die Bewertungen werden von den Jurymitgliedern mit Begründung bekannt gegeben. Die Gruppen erhalten somit eine Gruppennote. Diese Gruppennote wird mit der Anzahl der Gruppenmitglieder multipliziert; das Produkt ergibt die Punktezahl, die insgesamt an die Gruppenmitglieder verteilt werden kann. In der darauffolgenden Stunde teilt die Gruppe dem Lehrer mit, wie sie die Punkte auf die einzelnen Gruppenmitglieder verteilt hat und wie sie diese Aufteilung begründet.

Jenseits dieser expliziten Evaluationssysteme werden Sie aber ohnehin allein aufgrund Ihrer lernseitigen Wahrnehmungsweise einen tiefgründigeren Einblick in die Lernstände und Lernfortschritte Ihrer Schüler erhalten, als Ihnen das ein schülerorientierter Unterricht ermöglicht, das wird Ihnen die Erfahrung zeigen. Neben realistischen Einschätzungen der Leistungsstände braucht es von Beginn an Vorstellungen darüber, woran Sie ihre Wirksamkeit erkennen können und wie diese auch gegenseitig zurückgemeldet werden kann. Im Zuge Ihres eigenen Lernprozesses, der mit Ihrer begleitenden Wahrnehmung einhergeht, eröffnet sich Ihnen ein Zugang zum Lernen Ihrer Schüler. Es wird Ihnen quasi im eigenen Nachvollzug „nahegebracht". Und nicht vergessen: Jeder Mensch braucht Anerkennung für seine Leistung – auch Sie!

3. Lernsettings, Methoden und Unterrichtsmaterial im lernseitigen Unterricht

Lernsettings und Methoden im lernseitigen Unterricht

Lernseitiger Unterricht lässt ein hohes Maß an Personalisierung zu. Sein Unterrichtsraum gleicht dem einer Lernwerkstatt und eröffnet vielgestaltige Möglichkeiten des Lernens. Müssen Sie für einen lernseitigen Unterricht dafür völlig neue Lernsettings einführen? Die Antwort lautet: nein! Alle bewährten Sozialformen eignen sich zunächst einmal für den lernseitigen Unterricht. Phasen eines gebundenen Unterrichts mit dem gesamten Plenum (sog. Frontalunterricht) sind genauso hilfreich, ja sogar notwendig, wie Phasen selbstbestimmten Lernens. Gerade die vielgestaltigen Lernprozesse Ihrer Schüler erfordern es, dass Sie immer wieder Plenumsphasen einbauen, in denen das eigene Lernen reflektiert wird und sich die Schüler im Klassenverband austauschen können. Auch für die Einführung in neue Themen ist der Frontalunterricht manchmal am besten geeignet. Wenn es aber um das anteilige Verhältnis der verschiedenen Unterrichtsmethoden und Sozialformen geht, dann sollten solche Methoden und Sozialformen dominieren, die dem Anspruch an personalisiertem, experimentellem, exkursivem Lernen am ehesten gerecht werden können.

Genauso hat jede bewährte Unterrichtsmethode (Arbeit mit Lernplakaten, Präsentationen, Experimente usw.) ihre je eigene Qualität und Eignung. Eine Ausnahme stellt Lernmaterial mit festgelegten Lernwegen und vorgedachten Lösungen dar. Weshalb, das haben wir hinreichend erläutert. Diese Herangehensweise sollte durch offene Fragen/Aufgaben/Zugänge ersetzt werden. Insgesamt gilt hier wie für die Sozialformen: Je näher die Lernatmosphäre an die einer Lernwerkstatt herangerückt wird, desto besser eignen sich eben diese Methoden für einen lernseitigen Unterricht. Sie als Lehrperson wissen besser als wir, welche Sozialformen und Methoden sich in diesem Sinne für Ihren Unterricht in Ihrer Klasse mit Ihren Schülern am besten eignen. Dafür braucht es an dieser Stelle keine didaktische Vorgabe.

Lernseitiges Unterrichtsmaterial

Zunächst gehen wir davon aus, dass ein gelingender lernseitiger Unterricht nicht in erster Linie davon abhängt, wie das Lernmaterial beschaffen ist. Vorrangig geht es, das haben wir vielperspektivisch deutlich zu machen versucht, darum, die eigene Wahrnehmung neu zu schulen und eine veränderte Haltung gegenüber den Schülern, sich selbst, den Lernerfahrungen und dem Unterrichtsverlauf einzunehmen – vor allem responsiv zu agieren. Damit ist das wesentliche Fundament für einen lernseitigen Unterricht gelegt. Das Unterrichtsmaterial ist dabei zunächst zweitrangig. Sie können auch mit Aufgabenstellungen, die möglicherweise geschlossen konzipiert sind, arbeiten und diese modifizieren. Vielleicht lassen Sie im Deutschunterricht den Lösungsbogen weg oder ergänzen die Aufgabenstellung so, dass verschiedene Zugänge zum Thema oder auch verschiedene Lösungswege möglich sind. Sie müssen jetzt also nicht auf „lernseitiges Unterrichtsmaterial" warten, bevor Sie einen im Sinne dieses Konzepts guten Unterricht durchführen können. Dennoch wollen wir ein erstes

Schlaglicht auf die Frage werfen, welche Eigenschaften Lernmaterial haben sollte, damit lernseitiger Unterricht (besser) gelingen kann.

Ist es überhaupt möglich, lernseitiges Unterrichtsmaterial oder gar Schulbücher oder Ähnliches für einen solchen Unterricht zu entwerfen? Und wenn ja, wie soll es dann aussehen? Im Hinblick auf die Erstellung von Unterrichtsmaterial, Lernhilfen und Schulbüchern ergeben sich aus unserer Sicht vor dem Hintergrund einer lernseitigen Orientierung völlig neue Herausforderungen, da es ja nicht nur um dafür einsetzbares „Material" geht, sondern vor allem auch um Einstellungen und Haltungen, die erst lernseitige Orientierung ermöglichen. Hier sind wir selbst noch am Anfang unserer konzeptionellen Überlegungen.

Ein Hauptkriterium für ein gutes Lernmaterial unter dem Gesichtspunkt der Lernseitigkeit ist mit Sicherheit die große Offenheit, die unterschiedliche Lernwege zulässt und zum einen die Interessen Ihrer Schüler und zum anderen den Aufforderungscharakter von Dingen und Begriffen mit einbezieht. Um diesem – zugegeben nicht einfachen – Anspruch gerecht werden zu können, kommt es darauf an, dass für die Schüler nicht nur eine zentrale Fragestellung leitend ist, die bestenfalls sprachlich modifiziert und vom Anspruch her verschiedentlich heruntergebrochen worden ist. Die Aufgabenstellung sollte von vornherein mehrere Fragen, die bereits unterschiedliche Aspekte beleuchten lassen, anbieten. Darüber hinaus sollten die Schüler, wie bereits unter Punkt 2 (S. 99f.) dargelegt, die Freiheit haben, eigene Aufgaben/Fragen/Zugänge zu finden. Das kann bedeuten, dass sukzessive Ihre eigenen Aufgaben/Fragen/Zugangsangebote zu diesen Gunsten zurückweichen. Im gleichen Zuge erweitern Sie Ihr Angebot an Medien, Recherchematerial, methodischen Hilfestellungen. Und wie gesagt: Gemeinsam im Team kommt man weiter!

Ein Beispiel für eine Aufgabenstellung, die verschiedene Zugänge möglich macht, bietet die Vignette auf S. 27 rund um den Schüler Peter im Mathematikunterricht. Bei der Aufgabe geht es darum, zu begreifen, was eine mathematische Einheitsstrecke ist. Anstatt lediglich eine Handhabung mit dem Lineal zu ermöglichen, lässt es die Art der Aufgabenstellung offensichtlich zu, dass Peter die immer gleichen Strecken auch mit den Fingern messen kann. Das heißt, sie provoziert die Schüler, mit unterschiedlichen Messverfahren zur Lösung zu gelangen. Peter gibt der Aufgabe seine ganz eigene Bedeutung, weil sie ihm diesen Interpretationsspielraum zugesteht. Aufgabenstellungen sollten so formuliert werden, dass es zur Störung eines ansonsten als verlässlich erfahrenen Wahrnehmungsvollzugs kommt. Erst in der Irritation eines erwarteten Vollzugs drängt die Aufgabenstellung den Schülern ihre persönliche Bedeutung auf.

Vielleicht fragen Sie sich, wie kann denn der Aufforderungscharakter von Dingen und Begriffen einbezogen werden? (Zum Aufforderungscharakter: Sie erinnern sich an unser Beispiel vom Schlüsselanhänger auf S. 18?) Hierzu ein Beispiel: Im Beispiel der Textanalyse sähe – grob vereinfacht – geschlossenes Lernmaterial in etwa so aus: Sie drücken Ihren Schülern einen Aufgabenbogen in die Hand, der sie dazu anhält, herauszufinden, welche metaphorische Symbolik sich mit der Rose verbindet. Hierzu geben Sie Hinweise, vielleicht einen Textausschnitt, in dem die gängige Bedeutung herauszulesen ist. Zur Differenzierung noch einen zweiten mit einem eindeutigen Bildimpuls. Auch der Lösungsbogen liegt schon bereit. Dort steht: „Die Rose ist ein Symbol der Liebe." Offenes Lernmaterial zum gleichen Thema fragt zuallererst den Schüler, welche Bedeutung er persönlich sieht, und lässt den Lösungsweg offen. Es gibt keine festgelegte Lösung. Am Ende wird dem Schüler zugestanden, gesellschaftlich festgelegte Bedeutungen abzulehnen und Gegenstände in ihrer Symbolik umzudeuten. Die Rose wird nicht als Zeichen der Liebe, sondern aufgrund ihrer starken Dornen als verletzend empfunden, weil dies dem eigenen Erfahrungshorizont, der eigenen Wertung näherkommt. Und dies darf einfach so stehen bleiben, ohne dass die „richtige" Bedeutung relativierend „mitgelernt" werden muss. Sie machen Denk- und Wertnormen nicht zum Dogma, sondern öffnen Spielräume für Umdeutungen und Neubewertungen. Bei der Bearbeitung einer Aufgabe gibt es zunächst kein „richtig" und „falsch". In suchenden Lernbewegungen kann man sich „verirren", aber im Dialog mit der Lehrkraft oder einem Schüler als Gegenüber findet man auch wieder den Weg, kann bisheriges Wissen infrage stellen und sich von vertrauten Denkmustern lösen. Lassen Sie sich beim Erstellen von Lernmaterialien einmal von den Fragen leiten: Wie kann ich mehrdeutige, sinnstiftende Aufgabenstellungen formulieren, die lernseitig Resonanzen (und damit Lernlust) erzeugen? Mit welchen Inhalten kann ich meine Schüler aus ihrer vertrauten und bekannten Komfortzone im Denken, Fühlen und Handeln locken? Wie kann ich sie dazu bringen, neue Materialien, neue Methoden, neue Medien zu nutzen? Eine lernseitige Lernumgebung zeichnet sich dadurch aus, dass sie unterschiedliche Zugänge zum Lerngegenstand nicht nur möglich macht, sondern geradezu provoziert.

Lernseitiges Unterrichtsmaterial sollte schließlich multimediale und mehrsinnliche Zugänge ermöglichen, zunächst dadurch, dass Sie eigene, vielgestaltige Vorschläge machen, um unsicheren Schülern „Lernstarthilfe" zu geben. Darüber hinaus sollten Sie aber auch hier wieder offen sein für schülereigene Medienauswahl und Zugangsweisen. Das schließt solche mit ein, mit denen Sie sich vielleicht weniger gut auskennen, weil Ihnen beispielsweise das technische Know-how fehlt. Vertrauen Sie auf die bereits vorhandenen Kompetenzen Ihrer Schüler und lassen Sie sich auf neue Wege ein, die Sie vor Ihrem Erfahrungshintergrund gar nicht hätten antizipieren können. In diesem Sinne ist das Lernmaterial nicht vorgefertigt, sondern alles, was in der Schulwelt ist: (Schul-)Bücher, Zeitschriften, Internet mit Twitter, Wikipedia, Facebook und Co, Handy, Fotoapparat, Rechenstab, Glassteine, der Schulgarten und so weiter werden selbst zum Lernmaterial und zu Lernmedien. Sie sind als Lehrer nicht mehr nur angewiesen auf das, was Ihnen die Schulbuchverlage an Mitteln und Wegen anbieten, sondern machen die unmittelbare Welt um sich herum nicht nur zum Lerngegenstand, sondern auch zum Lernmittel. Lernmaterial und Lerngegenstand verweben sich in ihrem Aufforderungscharakter miteinander und nehmen im Lernfortgang verschiedene Rollen ein.

4. Quo vadis …? Personalisiert lehren.

Im Vorwort schrieben wir: „Gehen müssen wir ihn, den Weg, dann selbst." Sie sind die ersten Schritte auf diesem Weg gemeinsam mit uns gegangen, haben uns auf unseren Ausführungen begleitet und bei der einen oder anderen komplizierten Aussage vielleicht so manchen Umweg mit uns genommen. Ausgehend von Unterrichtssituationen haben wir versucht, Ihnen unsere Gedanken zu veranschaulichen und für Sie nachvollziehbar zu machen. Zugleich war es uns ein Anliegen, die lerntheoretische Fundierung unseres Ansatzes deutlich zu machen und uns kritisch von anderen theoretischen Positionen abzugrenzen. Anhand von acht Kerngedanken haben wir uns immer wieder die Frage gestellt, was diese Aussage für unseren Ansatz der Lernseitigkeit bedeuten könnte: Irritationen ernst nehmen und mit der Welt und anderen Personen in Beziehung treten.

Mit den Schlaglichtern auf die praktischen Aspekte lernseitigen Unterrichts haben wir anschließend versucht, Ihnen zu veranschaulichen, wie Sie Ihr eigenes Lehren und damit auch das Lernen Ihrer Schüler ganz praktisch verändern und lernseitig gestalten können. Zur Beantwortung aller offenen Fragen reicht dieses eine Buch nicht aus. Es erhebt nicht einmal den Anspruch, auf alle hier behandelten Fragen die einzig richtige Antwort gegeben zu haben. Vielmehr wollten wir Sie mit hineinnehmen in unsere eigenen Suchbewegungen, die entstanden sind, weil wir auf die Frage, was Lernen ist und wie schulischer Unterricht besser gelingen kann, eine Antwort gesucht haben. Wir wollten Sie einladen zu einem Perspektivwechsel, der Ihre Sicht auf Schule verändert. Wenn wir Sie punktuell oder auch insgesamt überzeugen konnten, dass sich ein Richtungswechsel zur Lernseitigkeit hin lohnt, dann möchten wir Sie ermutigen, sich auf den Weg zu machen. Das muss nicht mit einem Paukenschlag geschehen, sondern kann mit kleinen Schritten hin zu mehr Achtsamkeit, mit kleinen methodischen Weichenstellungen langsam und für alle gangbar geschehen. Sofern wir Sie also ein Stück weit dazu anregen konnten, bisherige Auffassungen Ihres Lehrens zu überdenken, haben wir bereits viel erreicht. Danke, dass Sie uns auf diesem Weg ein Stück begleitet haben. Wir sind gespannt darauf, welche Erkenntnisse Sie im eigenständigen Beschreiten noch gewinnen werden, und freuen uns auf einen regen Austausch mit Ihnen zu diesem Thema![122]

[122] Unsere E-Mail-Adresse lautet: lernseits.unterrichten@uibk.ac.at

Anhang: Markierungspunkte für Lernseitigkeit im Überblick

Damit Sie sich die Kernaussagen lernseitiger Lehre im Schulalltag immer wieder vergegenwärtigen können, haben wir die Markierungspunkte für Lernseitigkeit auf der nächsten Seite noch einmal in einer Übersicht zusammengefasst. Sie können sie als Orientierungsmatrix für die Gestaltung Ihres eigenen Unterrichts, für Absprachen im Team, zur Vorbereitung gegenseitiger Hospitationen, als Themenspeicher für schulinterne Fortbildungen und für vieles mehr einsetzen.

Markierungspunkte für Lernseitigkeit

1 Lernseitigkeit impliziert seitens der Lehrenden eine bestimmte Wahrnehmungsweise, die dazu führt, dass die Schüler die Entstehung von Sinn – beispielsweise im Übergang von einem lebensweltlichen zu einem fachlichen Wissen im Unterricht – nachvollziehen können. Diese Wahrnehmungsweise setzt einen Einstellungswechsel voraus und kann aufgrund von Gewohnheit als Haltung ausgebildet werden.

2 Lernseitigkeit erfordert von der Lehrkraft ein professionelles Wissen um die eigenen Grenzen und Möglichkeiten. Dieses muss in einer ethischen Grundhaltung bewusst gehalten werden, damit die Schüler nicht vorschnell als bestimmte festgeschrieben und alle ihre Handlungen im Lichte dieser Zuschreibungen interpretiert werden. Dies bedeutet ein Sich-Einlassen auf die leiblichen Artikulationen der Schüler und die Bereitschaft, sich immer wieder aufs Neue von ihnen irritieren zu lassen.

3 Lernseitigkeit beinhaltet systemisches Wissen und Handeln, für deren Aneignung die konkreten Verhaltensweisen von Schülern Ausgangspunkt sind. In diesen bilden sich systemrelevante Bezugspunkte ab, die für die Irritation und Veränderung von traditionsgeprägten Systemen wie der Schule genutzt werden können.

4 Lernseitigkeit nimmt die Perspektive der Lernenden und den Aufforderungscharakter der Dinge ernst. Da Lernen nicht gesteuert und der Umgang der Schüler mit den Inhalten der Unterrichtsstunde nicht vorweggenommen werden kann, ist in einer lernseitigen Sichtweise ein personalisiertes Vorgehen erforderlich.

5 Lernseitigkeit richtet sich an Kompetenzen aus, um diese als Lehrkraft im handelnden Umgang mit der Welt gemeinsam mit den Schülern zu erwerben. Dabei werden die Lernerfahrungen von einem (Vor-)Wissen hin zu unterschiedlichen Formen des Könnens in den Blick genommen. Kompetenzorientiert unterrichten bedeutet, die Schüler über den Lernzuwachs hinaus zu unterstützen, immer wieder neue Handlungsmöglichkeiten zu erproben.

6 Lernseitigkeit trägt den persönlichen Bezügen Rechnung, die Schüler zum jeweiligen Unterrichtsgegenstand haben. Lehrkräfte versuchen der Lerngeschichte jedes Einzelnen auf die Spur zu kommen und beziehen Alltagstheorien der Lernenden mit ein.

7 Lernseitigkeit fokussiert auf die Beziehung zwischen Lernen und Lehren, aber auch auf jene zwischen Lehrkraft und Schülern. Dabei zeichnen sich lernseitig verortete Lehrkräfte durch eine respektvolle Haltung der Wertschätzung und eine besondere Form der Sensibilität für wirkmächtige Erfahrungen der Scham aus.

8 Lernseitigkeit öffnet Lernräume für Resonanzen, die Antworten ermöglichen, welche die Lehrkraft nicht bereits parat hat und deshalb sowohl die Schüler als auch die Lehrkraft überraschen.

VI) Literaturverzeichnis

Agostini, E. (2015): Zur produktiven Vieldeutigkeit der Dinge in der Erfahrung des Lernens. In M. Brinkmann, R. Kubac & S. Rödel (Hg.): *Phänomenologische Erziehungswissenschaft. Theoretische und empirische Perspektiven* (S. 139–154). Wiesbaden: Springer VS.

Agostini, E. (2016a): *Lernen im Spannungsfeld von Finden und Erfinden. Zur schöpferischen Genese von Sinn im Vollzug der Erfahrung*. Paderborn: Schöningh.

Agostini, E. (2016b): Die produktive Kluft zwischen Lehren und Lernen. Oder: Spannung liegt in der Luft. In S. Baur & H. K. Peterlini (Hg): *An der Seite des Lernens. Erfahrungsprotokolle aus dem Unterricht an Südtiroler Schulen – ein Forschungsbericht. Mit einem Vorwort von Käte Meyer-Drawe und einem Nachwort von Michael Schratz. Gastbeiträge von Dietmar Larcher und Stefanie Risse* (S. 77–80). Innsbruck, Wien, Bozen: Studienverlag.

Agostini, E. (2016c): Zwischenräume des Nichtmehr und Noch-nicht – Soziales Lernen im Spannungsfeld von fremder Anziehung und eigener Abwehr. In S. Baur & H. K. Peterlini (Hg.): *An der Seite des Lernens. Erfahrungsprotokolle aus dem Unterricht an Südtiroler Schulen – ein Forschungsbericht. Mit einem Vorwort von Käte Meyer-Drawe und einem Nachwort von Michael Schratz. Gastbeiträge von Dietmar Larcher und Stefanie Risse* (S. 126–129). Innsbruck, Wien, Bozen: Studienverlag.

Agostini, E. (2017): Lernen, neu und anders wahrzunehmen. Vignetten und Lektüren – Formen professionsbezogener (ästhetischer) Bildung? In M. Ammann, T. Westfall-Greiter & M. Schratz (Hg.): *Erfahrungen deuten. Deutungen erfahren: Experiential Vignettes and Anecdotes as Research, Evaluation and Mentoring Tool* (S. 23–38). Innsbruck, Wien, Bozen: Studienverlag.

Agostini, E., Baur, S., Kofler, D., Mathá H., Peterlini, H. K., Saxer, B. & Videsott, G. (2016): Vignetten als Klangkörper von Lernerfahrungen. In S. Baur & H. K. Peterlini (Hg.): *An der Seite des Lernens. Erfahrungsprotokolle aus dem Unterricht an Südtiroler Schulen – ein Forschungsbericht. Mit einem Vorwort von Käte Meyer-Drawe und einem Nachwort von Michael Schratz. Gastbeiträge von Dietmar Larcher und Stefanie Risse* (S. 33–54). Innsbruck, Wien, Bozen: Studienverlag.

Arendt, H. (1981) [1960]: *Vita activa oder Vom tätigen Leben* (2. Aufl.). München und Zürich: Piper.

Arens, S. & Mecheril, P. (2010): Schule – Vielfalt – Gerechtigkeit. Schlaglichter auf ein Spannungsverhältnis, das die erziehungswissenschaftliche Diskussion in Bewegung gebracht hat. *Lernende Schule, 13*(49), 9–11.

Aristoteles (1999): *Nikomachische Ethik* (10. Aufl., hrsg. v. Hellmut Flashar, übers. und kommentiert v. Franz Dirlmeier). Berlin: Akademie.

Arnold, R. & Schüßler, I. (1998): *Wandel der Lernkulturen, Ideen und Bausteine für ein lebendiges Lernen*. Darmstadt: Wissenschaftliche Buchgesellschaft.

Baur, S. & Peterlini H. K. (Hg.) (2016): *An der Seite des Lernens. Erfahrungsprotokolle aus dem Unterricht an Südtiroler Schulen – ein Forschungsbericht. Mit einem Vorwort von Käte Meyer-Drawe und einem Nachwort von Michael Schratz. Gastbeiträge von Dietmar Larcher und Stefanie Risse.* Innsbruck, Wien, Bozen: Studienverlag.

Bernfeld, S. (2000) [1925]: *Sisyphos oder die Grenzen der Erziehung* (12. Aufl.). Frankfurt am Main: Suhrkamp.

Bourdieu, P. (1987) [1982]: *Die feinen Unterschiede. Kritik der gesellschaftlichen Urteilskraft (aus dem Franz. v. Bernd Schwibs und Armin Russer).* Frankfurt am Main: Suhrkamp.

Buck, G. (1989): *Lernen und Erfahrung – Epagogik: zum Begriff der didaktischen Induktion* (3., erw. Aufl.). Darmstadt: Wissenschaftliche Buchgesellschaft.

Copei, F. (1966) [1950]: *Der fruchtbare Moment im Bildungsprozess* (8. Aufl., eing. und hrsg. v. H. Sprenger). Heidelberg: Quelle und Meyer.

Draber, H. & Brinker, H. (2017): Jedes Lernen fördern. Erfahrungen aus der Grundschule auf dem Süsteresch. *Lernende Schule*, 80, 44–47.

Fend, H. (1980): *Theorie der Schule*. Urban und Schwarzenberg. München/Wien/Baltimore: Urban und Schwarzenberg.

Fromm, E. (2016): „Ich habe die Hoffnung, dass die Menschen ihr Leiden erkennen: den Mangel an Liebe." Interview mit Heinrich Jaenecke. *Der Stern, 14* (27.3.1980), 306–309.

Fullan, M., Quinn, J. & McEachen, J. (2017): *New Pedagogies for Deep Learning*. Thousand Oaks Calif: Corwin.

Gehring, P. (2011): Ist die Phänomenologie eine Wirklichkeitswissenschaft? Überlegungen zur Aktualität der Phänomenologie und ihrer Verfahren. In M. Flatscher & I. Laner (Hg.): *Neue Stimmen der Phänomenologie, Band 1. Die Tradition. Das Selbst* (S. 29–50). Nordhausen: Traugott Bautz.

Gruschka, A. (2002): *Didaktik. Das Kreuz mit der Vermittlung. Elf Einsprüche gegen den didaktischen Betrieb*. Wetzlar: Büchse der Pandora.

Hattie, J., Beywl, W. & Zierer, K. (2013): *Lernen sichtbar machen. Überarbeitete deutschsprachige Ausgabe von Visible Learning*. Baltmannsweiler: Schneider Hohengehren.

Heidegger, M. (1993) [1927]: *Sein und Zeit* (17. Aufl.). Tübingen: Niemeyer.

Käpnick, F. (2014): *Mathematiklernen in der Grundschule*. Wiesbaden: Springer VS.

Käpnick, F. (2016): Intuitive Theoriekonstrukte als stetige Begleiterscheinung des individuell konstruktiven Lernens von Kindern. In R. Benölken & F. Käpnick (Hg.): *Individuelles Fördern im Kontext von Inklusion* (S. 114–130). Münster: WTM.

Klinger, U. & Bunder, W. (2006): *Unterricht Chemie, 17*(94/95), 14–17.

Krenn, S. (2016): *Ergreifen – ein Phänomen des Lernens: phänomenologische Studie zu Lern- und Schulerfahrungen in der Sekundarstufe I*. Universität Innsbruck. Dissertation.

Langeveld, M. J. (1956): Das Ding in der Welt des Kindes. In O. F. Bollnow, W. Flitner & A. Nitschke (Hg.): *Studien zur Anthropologie des Kindes, Bd. 1* (S. 91–105). Tübingen: Niemeyer.

Meyer-Drawe, K. (1987a): Mathematisches Erkennen zwischen Kreation und Architektonik. Philosophische Anregungen für eine Didaktik der Mathematik. *Mathematik und Philosophie. Themenheft der Zeitschrift MU. [Der Mathematikunterricht]. 33*(2), 7–17.

Meyer-Drawe, K. (1987b): „Die Belehrbarkeit des Lehrenden durch den Lernenden – Fragen an den Primat des Pädagogischen Bezugs." In W. Lippitz & K. Meyer-Drawe (Hg.): *Kind und Welt. Phänomenologische Studien zur Pädagogik* (2., durchges. Aufl., S. 63–73). Frankfurt am Main: Athenäum.

Meyer-Drawe, K. (1988): Unerwartete Antworten. Leibphänomenologische Anmerkungen zur Rationalität kindlicher Lebensformen. *Acta Paedopsychiatrica, 51*, 245–251.

Meyer-Drawe, K. (1996): Vom anderen lernen. Phänomenologische Betrachtungen in der Pädagogik. Schaller zum siebzigsten Geburtstag. In M. Borrelli & J. Ruhloff (Hg.): *Deutsche Gegenwartspädagogik, Bd. II* (S. 85–99). Baltmannweiler: Schneider-Verlag Hohengehren.

Meyer-Drawe, K. (2005): Anfänge des Lernens. *Zeitschrift der Pädagogik, 51*(49), 24–37.

Meyer-Drawe, K. (2010): Zur Erfahrung des Lernens. Eine phänomenologische Skizze. *Filosofija, 18(3)*, 6–17.

Meyer-Drawe, K. (2012a): *Diskurse des Lernens* (2., durchges. und korr. Aufl.). München: Wilhelm Fink.

Meyer-Drawe, K. (2012b): *Vortrag im Rahmen des Symposiums „Lernseits des Geschehens. Lernen und Leadership"* am 27.01.2012. [http://www.edugroup.at/index.php?id=165235&medienid=5510661, Abruf 23.10.2017]

Meyer-Drawe, K. (2013a): Lernen und Leiden. Eine bildungsphilosophische Reflexion. In D. Nittel & A. Seltrecht (Hg.): *Krankheit: Lernen im Ausnahmezustand? Brustkrebs und Herzinfarkt aus interdisziplinärer Perspektive*. (S. 67–76). Wiesbaden: Springer VS.

Meyer-Drawe, K. (2013b): Lernen braucht Lehren. In P. Fauser, W. Beutel & J. John (Hg.): *Pädagogische Reform: Anspruch – Geschichte – Aktualität* (S. 89–97). Jena: Klett Kallmeyer.

Peterlini, H. K. (2016): Fenster zum Lernen – Forschungserfahrungen im Unterrichtsgeschehen – Einführung und Einblicke in die Suche nach einem neuen Verständnis von Lernen. In S. Baur & H. K. Peterlini (Hg.): *An der Seite des Lernens. Erfahrungsprotokolle aus dem Unterricht an Südtiroler Schulen – ein Forschungsbericht. Mit einem Vorwort von Käte Meyer-Drawe und einem Nachwort von Michael Schratz. Gastbeiträge von Dietmar Larcher und Stefanie Risse* (S. 21–29). Innsbruck, Wien, Bozen: Studienverlag.

Rosa, H. (2016): *Resonanz. Eine Soziologie der Weltbeziehung*. Frankfurt am Main. Suhrkamp.

Scharmer, C. O. (2009): *Theory-U. Von der Zukunft her führen: Presencing als soziale Technik*. Heidelberg: Carl-Auer.

Schratz, M. (2009): „Lernseits" von Unterricht. Alte Muster, neue Lebenswelten – was für Schulen. *Lernende Schule, 12* (W46–47), 16–21.

Schratz, M. (2014): (Wie) Ist die Kluft zwischen Lehren und Lernen überbrückbar? In D. Kofler, H. K. Peterlini & G. Videsott (Hg.): *Brückenbau(e)r* (S. 312–322). Bozen: alphabeta.

Schratz, M., Schwarz, J. F. & Westfall-Greiter, T. (2012): *Lernen als (bildende) Erfahrung. Vignetten in der Praxisforschung.* Innsbruck, Wien, Bozen: Studienverlag.

Schratz, M. & Westfall-Greiter, T. (2010): Das Dilemma der Individualisierungsdidaktik. Plädoyer für personalisiertes Lernen in der Schule. *Journal für Schulentwicklung, 12*(1), 18–31.

Schratz, M., Paseka, A. & Schrittesser, I. (Hg.) (2011): *Pädagogische Professionalität: quer denken – umdenken – neu denken. Impulse für next practice im Lehrerberuf.* Wien: Facultas.

Schulz von Thun, F. (1998): *Miteinander reden 3. Das Innere Team und situationsgerechte Kommunikation.* Rowohlt: Reinbek bei Hamburg.

Schwarz, J. F. & Schratz, M. (2012): Dem Lernen in der Schulpraxis auf der Spur: Schülerporträts als Fokus der Praxisforschung. In B. Dorit, K. Moegling & J. Reitinger (Hg.): *Reform der Lehrerbildung in Deutschland, Österreich und der Schweiz. Teil 2: Praxismodelle und Diskussion* (S. 35–47). Immenhausen bei Kassel: Prolog Verlag.

Schwarz, J. F. (2013): *Unterrichtsbezogene Führung durch „Classroom Walkthrough": Schulleitungen als Instructional Leaders.* Innsbruck, Wien, Bozen: Studienverlag.

Schwarz, J. F. (2016): Kinder, warum redet ihr nicht mit euren Banknachbarn? Lernseitige Betrachtungen zu individualisierenden Lehr- und Lernformen. In K. Rabenstein & B. Wischer (Hg.): *Individualisierung schulischen Lernens. Mythos oder Königsweg?* (S. 33–46). Seelze: Kallmeyer.

Schwarz, J. F., Schratz, M. & Westfall-Greiter, T. (2013): Was sich zeigt und wie. Lernseits offenen Unterrichts. *Zeitschrift für interpretative Schul- und Unterrichtsforschung. Empirische Beiträge aus Erziehungswissenschaft und Fachdidaktik, 2,* 9–20.

Schwer, C., Solzbacher, C. & Behrensen, B. (2014): Annäherung an das Konzept „Professionelle pädagogische Haltung": Ausgewählte theoretische und empirische Zugänge. In C. Schwer & C. Solzbacher (Hg.): *Professionelle pädagogische Haltung: Historische, theoretische und empirische Zugänge zu einem viel strapazierten Begriff* (S. 47–78). Bad Heilbrunn: Klinkhardt.

Solzbacher, C., Behrensen, B., Sauerhering, M. & Schwer, Ch. (2012): *Jedem Kind gerecht werden. Sichtweisen und Erfahrungen von Grundschullehrkräften. Praxishilfen Unterricht.* Köln: Carl Fink.

Stieve, C. (2008): *Von den Dingen lernen. Die Gegenstände unserer Kindheit.* München: Wilhelm Fink.

Stieve, C. (2013): Differenzen früher Bildung in der Begegnung mit den Dingen. Am Beispiel des Wohnens und seiner Repräsentation im Kindergarten. *Zeitschrift für Erziehungswissenschaft, 16*(2), 91–106.

VDI (2007): *Bildungsstandards Technik für den Mittleren Schulabschluss* [https://m.vdi.de/fileadmin/vdi_de/redakteur/bg-bilder/bildungsstandards_2007.pdf, Abruf 23.10.2017]

Waldenfels, B. (1987): *Ordnung im Zwielicht.* Frankfurt am Main: Suhrkamp.

Waldenfels, B. (1994): *Antwortregister.* Frankfurt am Main: Suhrkamp.

Waldenfels, B. (2004): Das Fremde im Eigenen. Der Ursprung der Gefühle. *Der blaue reiter. Journal für Philosophie, 20*(2), 27–31

Weinert, F. E. (2001): Vergleichende Leistungsmessung in Schulen – Eine umstrittene Selbstverständlichkeit. In F. E. Weinert (Hg.): *Leistungsmessungen in Schulen* (S. 17–32). Weinheim und Basel: Beltz.